NANKING

南京历史文化名人系列丛书

亨利·墨菲传

徐春宁 著

南京市文化和旅游局
南京市博物总馆 编

凤凰出版社

图书在版编目（CIP）数据

亨利·墨菲传 / 徐春宁著. -- 南京 : 凤凰出版社, 2019.12
（南京历史文化名人系列丛书）
ISBN 978-7-5506-3106-9

Ⅰ. ①亨… Ⅱ. ①徐… Ⅲ. ①亨利·墨菲—传记 Ⅳ. ①K837.126.16

中国版本图书馆CIP数据核字(2020)第016633号

书　　名	亨利·墨菲传
著　　者	徐春宁
责任编辑	尤丹丹
出版发行	凤凰出版社(原江苏古籍出版社) 发行部电话025-83223462
出版社地址	南京市中央路165号,邮编:210009
出版社网址	http://www.fhcbs.com
照　　排	南京凯建文化发展有限公司
印　　刷	江苏凤凰通达印刷有限公司 南京市六合区冶山镇,邮编:211523
开　　本	718毫米×1005毫米　1/16
印　　张	8.25
字　　数	123千字
版　　次	2019年12月第1版　2019年12月第1次印刷
标准书号	ISBN 978-7-5506-3106-9
定　　价	68.00元

(本书凡印装错误可向承印厂调换,电话:025-57572508)

《南京历史文化名人系列丛书》编委会

序　言

南京古称金陵、建邺、建康等，是素负盛名的“六朝古都，十朝都会”，与北京、西安、洛阳并称为中国四大古都。南京在历史文化上的独特性，体现在曾多次承担过中华民族救亡图存、走向复兴的历史责任与历史使命。在历史文化的视野下，把南京置于国家民族的历史长河中，探寻这座城市对于中华文明所起到的作用，会发现在中国历史上，没有哪一座城市像南京这样，与中华民族的命运如此紧密地联系在一起。

2500多年的建城史，450年的建都史，使得南京在历朝历代都涌现出许许多多为中华数千年文明作出过重要贡献的杰出人物，他们广泛地活跃在政治、经济、军事、文化、艺术、宗教、科技、曲艺等方面。在这些“立德、立功、立言”的杰出人物的身上，集中体现着中华民族精神的标记，印证着历史人文精神的深邃。虽然这些历史身影已随着逝去的时代而远去，但他们留下的物质或非物质的印记，作为后来者追慕先贤、思索人生、承继前行的路标，仍然是南京乃至中华民族弥足珍贵的文化资源和极其宝贵的精神财富，是中国历史文化脉络的重要组成部分，更是加快南京历史文化名城建设不可或缺的要素。

2014年初夏，南京市政府根据“十二五”规划文化建设中提出的传承创新、推动文化大发展大繁荣的要求，出于充分挖掘、利用南京在历史名人资源方面的优势，彰显南京独特的历史名人文化，进而发挥文化引导社会、教育人民、推动发展的功能，增强民族凝聚力和创造力的目的，要求南京市文化广电新闻出版局及其下属单位在调查研究的基础上，提出切实可行的南京历史文化名人展示工作的实施方案。

客观、科学地界定南京历史文化名人，按不同的时代、不同的系统梳理罗列出来，不是一件容易的事。新成立的南京市博物总馆文化遗产保护研究所具体承担了起草《南京历史文化名人展示工作实施方案》的工作,在经过了近一个月披沙拣金般的梳理与遴选后,研究所的同志们按时交出了一份包括近400位待选的南京历史文化名人小传的征求意见稿。此后,在南京市委、市政府、市政协主要领导的关心与支持下,南京市文化广电新闻出版局就如何实施南京历史文化名人的弘扬与展示工作认真调研,反复斟酌,并召开了多次由市领导与南京大学、南京师范大学、南京博物院等专家学者参加的专题论证会,最终在集思广益达成的共识的基础上,甄选出首批共79位在南京乃至国内外都有一定历史地位、在彰显南京历史文化方面具有一定代表性的南京历史文化名人,并确定了在深入挖掘其内涵的基础上,采用雕塑创作、遗址与博物馆建设、遗迹修缮、深度挖掘出版、文艺创作等5种向全社会推介展示这些南京历史文化名人的方式。

这其中的深度挖掘出版方式,指的是在采撷、整理文献史料的基础上,编辑出版以南京历史文化名人为系列的名人传记或故事,适用于那些历史文献和地方志书中虽有明确记载,对南京历史文化发展也有较大影响,但其相关遗迹、遗存尚不确定的南京历史文化名人,藉以系统地呈现南京历史文化,进一步增强南京文化软实力与综合竞争力。采用深度挖掘出版方式予以宣传推介的南京历史文化名人的人选,包括三国时期的书法家皇象、佛经翻译家支谦,东晋时期的道教学者葛洪、美术家戴逵、名僧暨佛经翻译家法显,南朝刘宋时期的天文学家何承天、史学家范晔、文学家刘义庆,南齐的开国皇帝萧道成、画家陆探微、诗人谢朓、美术评论家谢赫,南朝齐梁时期的文学批评家钟嵘,唐代诗人王昌龄,明代文学家宋濂、学者焦竑、书法篆刻家文彭,明末清初的竹刻艺人濮仲谦,清代文学家方苞,近代建筑设计师亨利·墨菲共计20人。该项工作由南京市文化广电新闻出版局负责。

考虑到社会影响并兼顾大多数人的接受程度,南京市文化广电新闻出版局与南京市博物总馆的主要领导认为《南京历史文化名人系列丛书》的编撰和出版工作应尽可能达到如下几点要求。一是实事求是,科学取舍。要运用历史唯物主义观点和方法收集资料,去粗取精,去伪存真,力求内容的史料性、思想性和资料性的统一。在尊重历史真实的前提下,对涉及政治、民族、宗教等重大敏感问题,在史料取舍与叙述上,谨慎科学处理。二是主题突出，详略得当。在具体的文字内容上，应包括上述各南京历史文化名人的生平事迹、主要成就及其对后世的影响，并尽可能将每个人物的成就及其与南京之间的关系或联系，在书中予以浓墨重彩地展示。三是深入浅出，通俗易懂。丛书的篇幅不宜过长，避免阳春白雪、曲高和寡，编撰行文应言之有物，但在行文中仍然务需严谨、规范，所使用的材料要求有来源、有依据，注重和突出面向大众的宣传、推介效果，争取较强的可读性，力求做到雅俗共赏。四是图文并茂，引人入胜。作为一部介绍历史名人的图书，在诸方面要凸显其文化特点和艺术魅力，每本书宜在行文中都配附一定数量、与书籍内容相关的图片，做到图文并茂，雅俗共赏。

这样一套面向社会大众的普及性质的读物，自然不宜高头讲章般的满是庙堂之气，但学术层面的严谨和求实，也都必须遵循而丝毫马虎不得，因而对于编写工作的要求其实是相当高的，所以寻找合适的作者自然也就成了让人头疼不已的事。在这一方面，南京市博物总馆下辖的文化遗产保护研究所为之付出了艰苦的努力。

我们编纂这套《南京历史文化名人系列丛书》不仅仅是为了让来者见贤思齐，心追范式，更主要是为了让后人通过读史而能自省，深入发掘、总结、提炼中国历史文化中的优秀精神，推动社会主义精神文明和物质文明协调发展，古为今用，洋为中用，把中华民族的优秀传统转变为现实中有生命力、有影响力的东西，从而进一步增强民族自信心和凝聚力，为促进中国特色社会主义文化建设的健康发展，激发全民族文化创新创造活力，不断铸就中华文化新辉煌，尽一份绵薄之力。

鉴于《南京历史文化名人系列丛书》所涉部分历史人物可资参阅的史料极其有限，加之编写时间匆促，本书难免存在这样或那样的缺憾。在此诚恳希望专家读者多加指教，以便有机会再作修改与补充。

2018年3月

目　录

亨利·墨菲年表

1877	8月出生于美国康涅狄格州纽黑文
1895	毕业于纽黑文的霍普金斯中学(Hopkins Grammar School)
1895—1899	在耶鲁大学攻读艺术专业
1899—1900	在Masqueray画室当制图员
1900—1905	在纽约Tracy & Swartwout建筑事务所成长为工地总监及分公司经理
1905—1918	10月与恩达·米契尔·库克(Enda Mitchell Cook)结婚,后妻殁
1906	在纽约Delano & Aldrich建筑事务所主管所有纽约市的设计项目,同年赴欧洲,游历意大利、瑞士、法国、比利时和英国
1906—1907	开始在纽约作为独立的建筑师开业
1908—1920	在纽约麦迪逊大街与小理查德·亨利·丹纳(Richard Henry Dana, Jr.)建立Murphy & Dana建筑

	事务所;1913年前,在纽约州和家乡康涅狄格州从事私人住宅和一些校园设计业务
1913	年初开始承接并设计长沙的雅礼大学、东京池袋的立教大学、温莎的卢米斯查菲学院和纽约州的新罗谢尔学院
1914	4月到访日本,5月底第一次抵达中国,前往长沙、北京,6月中旬绕道莫斯科、途经欧洲回美国,8月设立"东方事业部"
1914—1918	事务所业务重心由美国本土逐渐向远东地区转移,并以中国项目为主
1918	4月与延熙学院(Chosun Christian College)校方会面,随即经旧金山,前往首尔;5月底第二次到达中国,在北京、上海、福州、苏州等地考察,并与校方负责人会面讨论;7月在在上海外滩设立分公司"茂旦洋行";9月3日至10日,与福塞斯前往南京与金陵女子大学校长德本康夫人商谈;9月19日,三人再次在上海会面
1919	开始承接被后人评价为其设计代表作的两个项目:金陵女子大学和燕京大学;2—10月,返回纽约完成金陵女子大学设计方案后,与马起(McGill)返回中国
1919—1920	第三次在华期间,10月至次年4月,在上海、南京、北京现场工作
1920	5—7月经欧洲返美,8—12月重组公司,建立Murphy McGill & Hamlin建筑事务所;12月前往上海
1920—1924	临行前,与埃塞尔·麦克林·安德鲁斯(Ethel Mclean Andrews)结婚,1924年离异;同年,合伙人马起和韩林(Hamlin)离开
1921	第四次在华期间,主要往返于北京、上海两地,7月返回纽约

1922	1月，第五次前往中国，4月在广州与孙科第一次会面；6—9月奔波于北京、上海两地，后返回纽约
1923	上海分公司关闭
1926	承接佛罗里达州科勒尔盖布尔斯的“中国村”住宅设计项目。3月，第六次前往中国，5月在南京商讨新首都城市规划事宜；染猩红热住院两周后，6月中旬前往广州讨论城市规划成果，8月从香港出发，经横滨返回美国
1928	10月，因南京城市规划事宜，与孙科在纽约会面
1929—1930	1月，第七次前往中国；2月到达南京，开展《首都计划》工作；9月前往晋中踏勘铭贤学校基地；1930年1月底，前往广州与岭南大学钟荣光会谈，3—7月经香港返回纽约
1930	4月，抵达纽约开始巡回演讲，在马萨诸塞州、纽约州、新泽西州、俄亥俄州和伊利诺伊州举行；10月，受邀前往欧柏林访问，进行拟建的“山西楼”选址和设计
1931—1935	2月回到南京和上海，最后一次在华停留了四年半，1931年5月再次前往山西晋中；1933年6月前主要精力投入在南京，之后在上海从事建筑顾问工作；1935年6月返美
1947—1948	热河金亭重建和加建方案，用作欧柏林学院内东方艺术博物馆
1949	2月，与罗莎莉·史密斯·埃克萨姆(Rosalie Smith Exum)在北卡罗来纳州格尔兹伯勒结婚
1954	10月，在家乡康涅狄格州纽黑文附近的布兰福德病逝，享年77岁

一、初到中国的发轫（1914—1919）

20世纪初的中国处在纷争、混乱并迷漫着变革的时代，历史的积淀和民族的自信在国际列强前灰飞烟灭、荡然无存。工业革命引发的科技推力和人文主义的动力越来越多地影响着社会潮流与政治格局。1914年，墨菲途经日本参访，于5月底初次抵达中国，前往长沙、北京，6月中旬绕道莫斯科，经欧洲回美国。

1. 纷乱时局中的外来者

1914年是武昌起义后的第三年，民国初始的政治与社会变革风起云涌，各种新思想和新事物交织在社会与文化的万象之中。1912年新年元旦，中华民国临时政府在南京成立，孙中山任临时大总统；2月12日，清帝溥仪退位，结束268年的清王朝和两千多年的君主专制，开启共和。民国领袖们试图按照外国模式开创一个立宪的议会制共和国，但随着袁世凯在北京就任临时总统，南北纷争初现端倪。事实存在的各省自治，与要建立一元制、中央集权的国家机构之间产生分歧，两种相互对抗的观点和纲领在经历酝酿发酵后，爆发出二次革命。1913年9月，二次革命失败后，共和政体的独裁统治按照行政上中央集权和官僚政治秩序的原则建立起来了。

在北洋政府通缉持不同政见者的多事之际，1914年5月底，37岁的美国建筑师亨利·基拉姆·墨菲(Henry Killam Murphy)结束了在日本的会谈和参访，乘海轮抵达上海，一天会议之后，依照行程安排转长江内河客轮驶往长沙。从这一刻起，在其后长达20余年时间里，他的事业与心血将沥洒在这个国家，他的一生也镌上了中国印记。

与清末时期单纯的仇外、恐外相比，辛亥革命后，洋玩意儿开始被逐步接受，影响并进而参与到中国各方面的事务和国人生活之中。有的是被移植到中国的“舶来品”，有的是海归们带回来的那些“洋泾浜”思想，有的是外国人直接操办的一系列事物和事件。外国势力、外国人等“外来”因素在那个时期的中国相当普遍、牵绊驳杂并作用深远。如国事上不平等条约的执行和外国特权的扩大，侵蚀着国家利益并不断加剧中国民族主义的反抗；政务上为缓解债权而实行的预算削减和保守政策，则又辜负了进步者对国家改革的希望；甚至在1920年代民国初期的国民革命中，反对帝国主义的存在是团结革命力量的宗旨目标，但革命的本身往往又借助其他外国势力的援助和介入。

文化与思想方面的发展在被洞开国门的形势下，徘徊于改良与革命的两条道路间。“中学”的失势和晚清洋务派“中学为体，西学为用”的主张，在当时的情况下都难以维护或实现文化自救。改良者转向了对占据优势的西方一切技术、制度、体系和思想进行广泛地研究和吸纳，或采取“冲决罗网”式的激进批判，或用溯源的方式在传统中寻找对应事物印证，但都致力于对文化传统进行结构性的优化调整，并归诸实践。这些变革在之后演替出“取其精华、去其糟粕”的折衷主义。

外来者也开始主动用中国式的语言和形式来诠释、表达其带来的西方事物。例如在华基督教会和传教士们，历经义和团运动之后，认识到减小东西方文化差异有助于弱化传教面临的阻力，帮助地方发展现代教育、医疗事业并与中国国内的改革力量保持默契。他们是天生的“西体中用”的执行者，墨菲受教会邀请到达中国，作为一名学院派(Beaux-Arts，也译为布扎)建筑师，更易于引发美学感知、空间建构等方面的共鸣，感触于神秘而辉煌的中国城市与建筑群的惊鸿一瞥，便坚定地把自己定位为学习者和守护者的角色。

2. 非著名的商业建筑师

墨菲出生于美国东北部新英格兰地区的康涅狄格州(Connecticut)，

父亲约翰·墨菲(John Murphy)是一名运输车制造商,母亲名为爱丽丝·布顿·基拉姆(Alice Button Killam)。他家境良好,就读在邻近纽约都会区的纽黑文市,中学是全美历史第三悠久的私立学校——霍普金斯文法学校(Hopkins Grammar School),大学攻读的是耶鲁知名的艺术专业,1899年毕业,1913年又获得美术学士学位[①]。

大学毕业后的第一年,墨菲在一家秉承巴黎美院风格的工作室制图,这里名为马斯克瑞工作室(Atelier Masqueray),是当时公认的北美最重要和最成功的设计机构之一。短短的实习期间,墨菲不仅学习观察建筑从概念生成到实施建造的完整过程,而且古典主义的设计训练孕育了他最为初始而深刻的形式逻辑。5年后的新婚旅行也成为墨菲第一次走出美国的"建筑学习"之旅,他游历了意大利、瑞士、法国、比利时和英国。从传统中汲取艺术形式和题材,按照严格的艺术型制和标准,主张精确洗练、华丽典雅的表达,成为墨菲追寻的设计理念,并在后来的中国实践中发展成熟并最终呈现。

1900—1906年,机灵且善于学习的墨菲在6年的职场奋斗中,先是在纽约的一家建筑事务所Tracy & Swartwout实习,由一名普通的绘图员成长为工地总监、分公司总经理及项目负责人;最后一年受聘于德拉诺和爱德华兹建筑事务所[②],主管所内所有纽约市的设计项目,在任职期内负责的豪宅项目中,包括了两位耶鲁大学的实业家校友和来自洛克菲勒家族的小约翰·洛克菲勒(John D. Rockefeller, Jr)。

1905年,墨菲与恩达·米契尔·库克(Enda Mitchell Cook)结婚,并携妻子到欧洲游历。这一趟度假也是他的"建筑学习"之旅。(图1)"他不光参观了那些能够启发他学院派教育的著名建筑,描绘了这些建筑的草图;还仔细研究了这些大师的设计并为自己今后的创作收集素材"。1906年,墨菲萌生了自己创业的念头。

图1　旅行中的墨菲夫妇

① 耶鲁大学是美国高校艺术教育的先驱。1916年艺术系设立建筑学专业,1975年建筑学院从艺术与建筑学院中分离并独立设置。

② 德拉诺和爱德华兹(Delano & Aldrich)建筑事务所是一家专门为有钱人设计住宅的事务所。

作为独立的建筑师开业，墨菲专门从事住宅设计。2年后，邀请前同事小理查德·亨利·丹纳[①](Richard Henry Dana, Jr.)成为合伙人，在纽约麦迪逊大街331号建立墨菲和丹纳建筑事务所(Murphy & Dana Architects,时译为“麦谭建筑师”)。随后的下一个6年中，事务所蓬勃发展，业务主要是纽约州和康涅狄格州的私人住宅项目，完成了约40位中产或富豪阶层客户带有殖民风格的别墅设计。在业界获得了良好的商业信誉和认可，两人得以先后入选为美国建筑师学会的成员(丹纳，1911年；墨菲，1912年)，墨菲还成为纽约建筑联盟、纽约市艺术协会和大都会艺术博物馆的成员[②]。与此同时，他们开始承接一些校园建筑项目，1913年，通过全美竞赛，获得温莎市的卢米斯查菲学院(Loomis Chaffee Institute)校园规划任务。

墨菲和他的团队来到中国之前，俨然是美国建筑师圈子里的一个商业新锐。中国事业的发展能够获得成功，是因二人已经在纽约的建筑实践中逐步证明了他们的能力与品质。墨菲不是一个“文艺范”或善于哲理思辨的建筑大师，与“一战”后寻求突破和革新并脱颖而出的现代建筑派——建筑四大师[③]相比，他更是一个精力充沛、具备全面综合能力和经验的职业建筑师：在专业技术层面适用高效，从绘制图纸到对建筑技术的理解，现场条件和工地督造的掌控以及商务谈判和价格预算的交涉能力，支撑了所有项目的良好运作和完成；在设计创造层面美观大方，将美国18世纪建筑风格与20世纪业主的需求相适应，设计中所运用的风格多种多样，纽约州的新罗谢尔学院(The College of New Rochelle)中采用哥特式建筑风格，而在康涅狄格州的卢米斯查菲学院中则采用乔治亚(Georgian)殖民复兴风格；在商业运营层面灵巧机智，长袖善舞于各类客户之间，作为“一个不知名的美国建筑师”精心呵护耶鲁校友的人脉圈，并慎重选择了丹纳成为当时最合适的搭档。

---

① 丹纳1901年毕业于哈佛大学，毕业后进入哥伦比亚大学攻读建筑学，之后前往巴黎美术学院继续深造。1908年秋，丹纳在耶鲁大学开始教建筑学课。1910年，获耶鲁大学美术学士学位。

② 丹纳加入了新成立的美术建筑师协会。1911年，他与纽约圣约翰教堂(圣公会宗)主教的女儿结婚。

③ 现代建筑派或国际形式建筑派的主要代表：格罗皮乌斯、密斯·凡·德·罗、勒·柯布西耶、赖特。

由于丹纳在耶鲁大学执教建筑学,墨菲自己承担了事务所一半以上的工作量。19世纪末,宗教热潮席卷美国,一群耶鲁毕业生和教员激情澎湃,希望在异国他乡建立并传播基督教。这些1898届的耶鲁毕业生们于1901年成立了被称为“雅礼会”(Yalein China)的雅礼协会的前身——“耶鲁海外传教会”(Yale Foreign Missionary Society)。雅礼协会[①](Yale-China Association)是美国大学中最早的一个专门推动学校同中国联合合作的机构。这纯粹是一个耶鲁的延伸组织,创始人希望体现他们就读耶鲁大学时所经历的同志情谊和共同目标,他们的使命直接反映母校的价值观、传统和活力,并确信耶鲁大学和她的毕业生能够为工作团成功而提供资源、人员和敬业精神。

1912年,在校友中声名初显的丹纳接到耶鲁海外传教会的邀请,进行耶鲁校友筹建的长沙雅礼大学(后毁于1942年初日军轰炸)新校园规划和建筑设计。这是一个带有捐助性质的项目,使他们得以进入公理会等新教差会(Mission)[②]的视野,获得认可并参与教会在华教育事业的建设。此后,墨菲及其事务所不断扩大在中国的校园规划与建筑设计业务,事业重心也逐渐从美国本土移出。直到1935年,时局愈发紧张,58岁的墨菲作为一个建筑师,将自己20余年的创作黄金期全部投入到中国的建筑营造和城市发展中。

3. 教育兴起与教会大学

中国近代教育起步阶段(1912—1919),改变较多也较明显的就是教

① 1975年正式采用“雅礼协会”名称。“雅礼”之名来自《论语》:“子所雅言,诗书执礼”,又是“Yale(耶鲁)”之音译。这是一个以学会名义,拟照英国牛津大学和剑桥大学在印度的办学方法,来华办院校的专门组织。

② 差会是西方国家负责集资、派遣人员到国外传教布道的机构。由差会派遣的人员,无论从事何种工作,如传教的牧师,医院的医生、护士,学校的教师、职员等都称之为传教士(Missionary)。这里提到的差会有南、北美长老会,南、北美卫理公会,南、北美浸礼会,基督门徒会,圣公会。

育内容。面向世界、面对现代化，借鉴和吸收西方先进教育思想和方法[①]，不断摆脱以宋明理学为范本的科举束缚，寻求拯救教育、拯救中国的有效途径。例如，1914年、1915年的全国官吏考试选拔，就剔除了对儒家课文的掌握情况，而考核一般科普知识和官僚政治的一系列技巧。继续留任的原南京临时政府教育部总长蔡元培，遵循资产阶级民主革命的要求，提出了公民道德教育、军国民教育、实利主义教育、世界观教育和美感教育的“五育并举”的教育方针。

针对传统教育和西方教育的整合或取舍，辛亥革命后的主要举措是关注生源、课程、授课方式及指导思想等方面的学制和学校改革。1914年，北洋政府实现了财政表面上的自给自足，但国家百废待兴，各方面都依然要紧缩支出、削减预算，即使是北洋军费也未能完全幸免，唯独教育是一个例外。“凡一国之盛衰强弱，视民德民智民力之进退为衡，而欲此三者程度日增，则必注重于国民教育”[②]。民国初期颁布的新教育宗旨、学制和教育行政令，推动和建立起一套相对完整、科学、合理而又平等的教育体系，全国学校数和学生人数明显增长。

限于国情现实，在被称为资产阶级教育的短期尝试阶段，教育改革的具体工作主要落实于启蒙发微的基础教育，尤其是推广全部免费的四年制初级小学。国立高等教育要等到1920年代末北伐成功、国内形势趋向稳定后才进入大发展时期。

与此同时，西方各国纷纷吸纳中国学生去留学深造。早在1909年，美国率先退还部分庚子赔款，形成庚款生留美的热潮，其他列强的退返款也要求大部分用于中国教育界。另一方面，1900年以后，新教的传教工作重点也逐渐从劝化个人信仰，转向使中国社会全部基督教化的扩大目标。这意味着为了实现福音书中的“社会含义”，更多的人员和经费被投入到教育、医疗的实际工作方面。包括洛克菲勒在内的许多美国大财团都向中国的教会教育提供资助，输出意识形态并培养亲美精英，传教士和来华洋人积极充当牵线者甚至留学生监督，在中国大力推进西方教育，创

① 袁世凯执政期间，教育受到保守主义和复辟思潮的影响。民国四年(1915)，为反抗尊孔复古的逆流，陈独秀等激进知识分子创刊《新青年》为主阵地，倡导“德先生”和“赛先生”，掀起新文化运动。

② 袁世凯：《钦定教育要旨》，《政府公报》，0956，1915-1-6，(9)。

办西式学校。据日方资料统计,民国六年(1917),外国机构在华创办的初等学校占中国学校总数的4%,中等学校占11%,高等学校则占80%。可以说,1910—1920年代的中国进步青年多半有教会学校的学历,教会学校造就了城市中新生的爱国者和改革者,以及诸专业领域的职业和学术领袖。

随着学生年级的逐渐增加,许多教会学校从增添大学预科内容,到成立预备学校,逐步升级或直接建立起教会大学。如美国基督教会在华创办的圣约翰大学、东吴大学、长沙雅礼大学(后与文华大学等校合并为华中大学)、岭南大学、华北协和女子大学(后并入燕京大学)、广州夏葛医科大学、沪江大学、北京协和医科大学、元江大学、金陵女子大学、福建协和大学、金陵大学、齐鲁大学、燕京大学等,以及天主教所办的以上海震旦大学为代表的学校。这些大学到1920年代末渐渐淡化传教色彩,之后学校的主要领导职位也都开始由中国人担任,1952年院系调整中很多被裁撤。

金以林的著作《近代中国大学研究1895—1949》中,对中国近代教会大学进行了详细研究,其中基督教(新教)教会大学(13+1所):

苏州东吴大学,1900年建校,由林乐知创办的上海中西书院和美国教会在苏州创办的博习书院、苏州中西书院等合并组成,美国基督教卫理公会开办。

上海圣约翰大学,原称圣约翰书院,1892年开始设置大学课程,美国圣公会开办。1905年,驻美董事会按照哥伦比亚大学条例改组成完全大学。

杭州之江大学,1901年建校。他的前身是宁波的崇信义塾及其以后的杭州育英义塾。它是美国南、北两长老会联合创办。

成都华西协和大学,又称华西大学,1910年建校。由美、英、加三国的4个教会组织(即卫理公会、浸信会、英美会和公谊会)联合开办,在美国纽约注册立案。

武昌华中大学,是由5所教会大学组合而成。它们是:1906年美国耶鲁布道会创办的长沙雅礼大学、1907年英国循道会开办的武昌博文书院大学部、1907年英国伦敦会创办的汉口博学书院大学部、1909年美国圣公会开办的武昌文华大学、1917年美国复初会创办的岳州湖滨大学。

南京金陵大学，1910年建立。它的前身是由南京汇文书院合并了基督、益智二书院而成，由美国的美以美会、基督会、北美长老会组成的联合托事部负责一切校务。

济南齐鲁大学，1911年建校，其前身是狄考文创办的登州文会馆。该校由英、美、加三国传教士合并了山东原有的数所教会学校而成。

湘雅医科大学，1914年与雅礼大学同期建设，原名湘雅医学专门学校，由湖南省政府与美国雅礼会联合创办。

福州华南女子大学，1914年建校，由美国卫理公会开办，后在美国纽约立案。

南京金陵女子大学，1914年建校。1912年初，美国8个传教会在上海聚集一堂，计划在长江流域开办一所女子大学。1914年11月由美国最大的基督会组成董事会，正式通过成立金陵女子大学。

上海沪江大学，1915年建立，原名浸会大学，后与浸会神学院合并。

广州岭南大学，1916年建立，前身是1888年创办于广州的格致书院。岭南大学虽是由美国传教士创办的，但并不同于其他教会大学，不隶属于任何一个教派或教会联合组织。

北京燕京大学，1916年建立，它是由美国基督教美以美会创办的汇文大学和美国公理会、长老会和英国伦敦会联合创办的华北协和大学合组而成。1902年又将华北协和女子大学并入该校。

福建协和大学，1916年建校。该校由6个在福建传教的基督教会联合开办。1917年，美国纽约州立大学承认该校为合格大学，并授予该校毕业生学士学位。

教会学校的校园规划与建筑设计多倾向于选择其本国建筑师来主持，而且中国“第一代”建筑师尚学成不久。大多中国近代校园由西方建筑师设计，这也将西方规划思想与先进建造技术更直接地引入到中国。墨菲就是这些外来建筑师中的佼佼者，通过耶鲁海外传教会，以及美国长老会、美以美会等组织，墨菲先后承接和完成了大量教会创办的著名学府校园规划与建筑设计，包括长沙雅礼大学（1913—1916）、清华留美预备学校及大学部（1914—1919）、复旦大学（1918—1922）、福建协和大学（1918—1922）、金陵女子大学（1918—1923）、燕京大学（1919—1926）、沪江大学(1919)、岭南大学扩建(1928—1930)[①]等。

4. 激昂充实的中国之行

在墨菲离开纽约前往东亚之前,中国和长沙对他而言只不过是些陌生名称,签写在案头已完成的图纸角落里。然而在1914年夏天,这些地点将成为真实的场景,等待着建筑师去赋予其大学的形式和空间印记。

位于纽黑文的雅礼会执委会下属建设委员会,在传教士团体的争议中,得到了校方盖葆耐(Brownell Gage)的支持[②],明确校园建筑将采用中西融合样式。墨菲事后曾提到,"因没有先例可循,我们多少感到些迷茫,但由衷支持执委会选用中国形式的方针"。上海圣约翰大学中西杂糅的观感效果不佳,是前车之鉴,幸亏执委会主席威尔斯·威廉斯(F. Wells Williams)提供了他在中国拍摄的照片,加上可收集到的资料才使墨菲得以继续创作。而且,墨菲和丹纳决定,他们的设计将不只是加个大屋顶,局部模仿中国样式的建筑在美学上不成立。1913年10月,校园规划方案第二稿获得建设委员会的认可(图2、图3),同时还完成了丹纳设计的礼拜堂(图4、图5)和图书馆(未建成)、墨菲的教学楼等建筑方案。

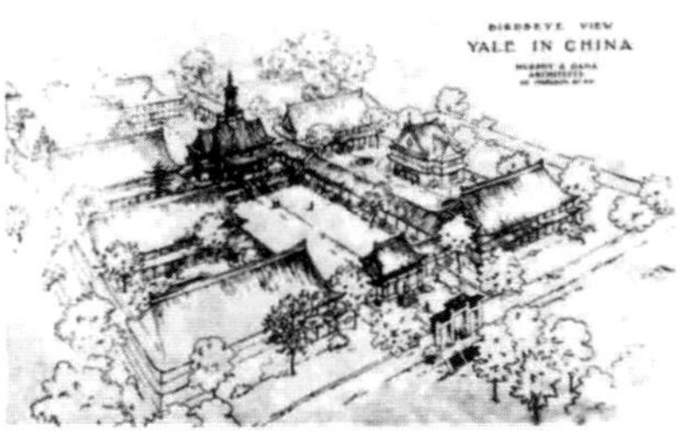

图2 雅礼大学第二轮规划鸟瞰图(1913.10)

图3 雅礼大学第三轮规划鸟瞰图(1914.7)

① 括注的时间为墨菲参与设计的开始到建成时间。

② 盖葆耐在1912年8月给威廉斯的信中写道:"中国现在被卷入近代化潮流,对自己的历史置若罔顾,弃之如敝屣。而我们的任务是引导他们从悠久的历史和过往上建设未来。这一举措必将真正赢得中国人的尊重和敬佩。"

图4　丹纳手绘的礼拜堂建筑透视图

图5　丹纳手绘的礼拜堂室内透视图

1914年5月底到6月初的两周时间，墨菲携其夫人，考察位于长沙北门外麻园岭的雅礼大学施工进展。所有的方案平立剖和透视图已由事务所完成后，寄给现场负责监造的斯坦利·威尔逊(Stanley Wilson)，他将根据实际情况细化和修改。墨菲还需要校核场地竖向和坡度，有待最终方案的确定。校园一路之隔就是湘雅医学专门学校[①]，墨菲同雅礼会的胡美(Edward H. Hume)、盖葆耐等几位成员，一起与其第一任校长颜福庆会面。为了强调全面合作和雅礼会预先的建设意图，几方共同明确"为保护中国传统的建筑遗产，应该采取一切可能的措施，将其与当今世界的现代化建筑需求相结合"。(图6、图7)除了教育、医疗和宗教目标之外，建筑本身也是一个好的载体，希望通过一组体现美国最现代的规划和建造理念的建筑群，向中国人展示保护他们的历史遗产的可能性。

图6　长沙考察　执笔者为墨菲，桌左前方为胡美，身后为盖葆耐

① 这所学校是通过湖南省督都谭延闿以省政府名义与雅礼会创办的一所新式医科大学，由双方人士组成学校董事部。湘雅医院由胡美筹建，其建筑设计负责是由投资人哈克尼斯(Harkness)推荐、被雅礼会聘请的詹姆斯·罗杰斯(James Gamble Rogers，耶鲁大学1889届毕业生)。

图7　礼拜堂(前)和宿舍楼(后),摄于1921年

1914年6月6日,他们夫妇二人按计划离开长沙,返回至浦口码头,换乘全线通车刚两年的津浦线铁路,按照威廉斯的建议前往北京参访中国古建筑。然后取道横穿西伯利亚,到达圣彼得堡,再游览中欧各国和法国后返回美国。

此时扬子江畔的南京城正处于近代史上第三次但并不是最后一次的浩劫重生(第一次是1853年3月太平军攻下南京例行屠城,第二次是1864年7月湘军攻下天京焚城劫掠)。民国初年,这座城市不仅是江苏省、道、县三级政权机关的所在地,也是东南地区的政治中心和军事重镇,在全国政局中起着举足轻重的作用。1913年9月1日,张勋率"辫子军"击溃讨袁军攻占南京,大掠三日。南京"被劫一空,虽家具什物,亦搬运全尽。各等人民皆体无完衣,家无一餐之粮",云集东南商号的下关被烧成废墟。直到1914年元月,冯国璋继张勋到任江苏都督后,旨在加强北洋政府直系势力的统治,才开始设立赈抚局救济受灾商民、恢复民生,以保障社会秩序稳定和城市经济、文化的复兴。

一瞥而过的墨菲在到达北京后,参观了紫禁城,因为雅礼大学的校舍设计选用了中国北方官式建筑形制。在流连徜徉和悉心观察中,他完全被皇家宫殿建筑的极致雄伟庄严所震撼。(图8)他写道:"这是世界上最好的建筑群,在其他任何国家的任何城市里,这样的庄严和壮丽都是找不到的。"为了不断扩大的设计业务,墨菲希望更加深入地了解和研究中国传统建筑,包括装饰的象征意义和布局风水等各种细节。他采用古典主义的手法去解构中国传统建筑的美学特征,提炼出"以紫禁城宫殿为代表的空间形式""以宫殿和塔为代表的建筑形式"和"以斗拱、飞檐和彩画为代表的细部形式"。与他对中国建筑适应性的信念相结合,奠定了"适应性建筑”的理论基础。

图8　1901年的紫禁城午门

资料来源：伊东忠太，小川一真（摄影）：《清国北京皇城写真帖》，东京帝室博物馆1906年编。

在北京停留时，墨菲受清华留美预备学校校长周诒春邀请，商谈清华校园扩建的设计项目。此前，至少有两位美国建筑师一直主动与清华校方联系，希望承接该项目。一位是威廉·沃里斯（William Merrell Vories），在京都设立建筑事务所，职业生涯中，设计了日本各地许多大学校舍、教会、医院和商场等建筑；另一位是威廉·费罗斯（William K. Fellows），帕金斯/费罗斯和汉密尔顿建筑事务所（Perkins, Fellows & Hamilton Architects）的合伙人，后来设计了金陵大学和齐鲁大学。

但周诒春在与墨菲面晤之后，便将这一重要的设计工作正式交给了墨菲。墨菲之所以得到周诒春的赏识和信任，除了同是耶鲁大学的校友这一因素外，更重要的是，周诒春和颜福庆的兄长颜惠庆[①]同为欧美同学会的发起人，因此对墨菲在长沙雅礼学校中的出色表现有所认知。6月13日，虽然两人是第一次会商，但由于周诒春已相当了解墨菲在中国当时环境下的设计能力，早有意将清华的建设予以重托，让他规划一个现代化的校区组合，而且是墨菲所擅长的美式校园。这次会晤只是周治春当面向墨菲澄清设计意图，同时确定时间表。

① 颜惠庆，民国政治家、外交家，时任驻德国公使，兼任驻丹麦和瑞典公使。1926年春任北洋军阀政府总理。

取得清华项目的委托完全出乎墨菲意料，毕竟雅礼大学只是收取成本费的项目，没有任何的盈余。他立刻意识到这一项目的重要意义，欣喜之余，墨菲将这次世界之旅的“巨大成功”写信给合伙人丹纳，告知这个非常鼓舞人心的好消息，“整个项目的规模之大，超过我们现在亚洲所有项目的总和”[①]。他还在信中明确说“倾尽全力满足周的要求”，请丹纳立即在纽约开出高薪物色最好的绘图员，尽可能高标准地租借一个额外的小办公室，并详细讨论了事务所工作人员未来几个月的安排，要“将我们最好的设计人员投入到这一项目中”。

由于针对商务经费、设计风格以及施工后勤管理和建设计划等问题，进行了长达3天的讨论，墨菲只得将出行计划推迟一周。他们经西伯利亚铁路到达莫斯科，之后短暂参访了柏林、法兰克福、科隆、巴黎、伦敦和都柏林，于7月17日，即第一次世界大战正式宣战前夕返抵纽约。

5. 东方总部到茂旦洋行

墨菲回到事务所的第一个行动就是在8月正式设立“东方总部(Headquarters for the Oriental Department)”。在1918年第二次前往亚洲之前的4年中，墨菲经常在这个办公室工作，负责完善在中国之行旅途中的作品设计构思，落实各项目与业主方商定的工作框架，并监督到所有的细节。

1915—1918年，墨菲和丹纳建筑事务所的项目构成由美国本土逐渐向以中国为主的亚洲转移。到1918年4月，其亚洲项目已占全事务所项目的49.6%，合计设计费用更是较1915年增长了3倍多。

在此期间，这些由“东方总部”推进的项目以校园规划与建筑为主要类型。除前述任务之外，还承接了上海圣玛利亚女校(St. Mary's Hall)组群建筑，上海沪江大学(University of Shanghai，现址属上海理工大

---

① 1914年，墨菲和丹纳建筑事务所同时还承接了位于东京池袋的立教大学(Saint Paul's College)校园规划设计和花旗银行北京分行设计。

学)规划及建筑群,福建协和大学(Fukien Christian University,现址属福建农林大学)规划及建筑群,杭州蕙兰中学(Wayland Academy,现杭州二中)和宁波浸会中学(Baptist Academy,现宁波四中)等,以及东京、汉城(首尔)的校园项目,其他类型建筑设计有苏州医院和花旗银行北京、天津、汉口的分行等。

1918年4月,墨菲由三藩市(旧金山)出发,中途经停首尔会晤相关负责人后,5月底乘火车前往北京,第二次来到中国。随后,墨菲于6月中旬抵达上海并先后奔赴苏州和福州两地。

墨菲1914年开始在纽约的办公室组建他的"东方总部"时,就切身感受到中国建筑行业的机遇与挑战。他对建筑适应性的审美观与一些传教士的兴趣相似,雅礼大学的规划与设计经历使他不知不觉地参与到越来越多的建造实践中。而当绝大多数外国建筑师和委托业主都在复制他们认为具有先进性的西式建筑时,墨菲因为对中国传统建筑遗产的敏锐和坚持而崭露头角。

1918年7月初,事务所又新获得了上海私立复旦大学(Fudan College,现复旦大学)规划及建筑群和苏州东吴大学(Soochow College,现苏州大学)住宅、宿舍、体育馆、科学楼两个项目的委托,这被墨菲视为未来在亚洲或是说中国事业良好发展的前兆。加上疲于中美两地奔波,墨菲和丹纳决定在上海外滩设立分公司。7月20日,被称为"茂旦洋行(Shanghai branch office of Murphy & Dana)"的中国分公司正式开业,办公地点设在外滩广东路与中山路路口的有利银行大楼7层(现中山东一路4号)。(图9)同时,纽约总部开始招聘中国建筑师,其中就有后来南京中山陵和广州中山纪念堂的设计者吕彦直(1918—1922年在职)、上海八仙桥基督教青年会大楼的设计者李锦沛(1923年在职)、中国建筑师学会会长董大酉(1928年在职)等,部分成员成为中国"第一代"建筑师的翘楚和中坚力量。

茂旦洋行开业后,为了获得超过竞争对手的优势,墨菲曾希望把事务所重心由纽约转至上海。也许是第一任妻子恩达在这一年去世,墨菲也想长时间留在异国,并全心工作以化解哀思,但这种举措在外国建筑师中是不多见的。即便如此,设计团队全面倾向中国,所面临的局限和竞争问

图9　1919年茂旦洋行的成员，前排右起第二人、执铅笔者为墨菲

资料来源：《亨利·墨菲　一位在中国的建筑师　1914—1935》，康奈尔大学1989年郭杰伟博士学位论文。

题依然不容乐观。一方面，是所有在华建筑师都共同遇到的材料和造价的限制，以及"员工和承包商如何熟练地执行他（建筑师）的命令，如何有效地与最重要的客户建立关系"，如何最大限度地减少不可预知的麻烦。很显然，客户对于以低廉价格解决技术问题的关注有时会压倒美学。要成功，墨菲他们必须兼有审美的敏锐度和节俭务实的品质。这种状况甚至一直持续到新中国建立以后。1958年，周恩来总结为"建筑设计要贯彻实用、经济，在可能条件下注意美观的方针"。

另一方面，则是竞争对手的存在。在现代建筑运动兴起之前，在华外国建筑师的设计风格差异主要在于中西之别。一类以创作西方折衷主义风格的建筑为代表，19世纪下半叶欧美盛行的折衷主义一直延续到1920年代，被作为当时首选的主流风格。这类建筑师的作品往往具有鲜明的"希腊、罗马、哥特等式样"的立面，在民国行政建筑、公共建筑、学校建筑和工业建筑等建筑中均有所表现。还有一类以推行"传统复兴式"风格的建筑为代表，更加关注西方建筑在中国的"本土化"的表达，并积极探讨西方建筑与中国建筑的融合创新。早期出现在"教会本土化"推动下的教堂和教会学校建筑，1927年后，由于南京国民政府积极倡导"中国固有形式"，这一风格也被应用于更多的公共建筑上。"传统复兴式"早期代表建筑师除墨菲外，比较著名的还有设计北京协和医学院的何士[①](Harry Husszy)；设计北京辅仁大学的格里森(DomA. Gresnigt)以及设计北京图书馆的莫律兰(V. Leth-Moller)。

面对的困难和潜在的风险，最终带来事务所工作秩序的波动。1920年12月，由于意见分歧，墨菲和丹纳这两位共同工作了12年的搭档宣布解散。1921年1月底，墨菲建筑事务所重组，正式更名为墨菲/马起和韩林建筑事务所(Murphy,McGill & Hamlin, Architect,时译为“茂费马起韩林建筑师”)。

而在1918年的时候，一切还都是那么欣欣向荣。1918年9月3日，墨菲前往南京。不久后，墨菲几乎同时接下了南京金陵女子大学(现址属南京师范大学)和北京燕京大学(现址属北京大学)两项校园规划与设计，这两个项目被后人评价为墨菲职业生涯的巅峰作品。

---

① 何士(1880—1967)，加拿大建筑师，美国芝加哥建筑师事务所沙何公司(Shattuck & Hussey)合伙人，1911年起留居北京，1916年设何士工程司行，1950年前后离开中国。曾是墨菲“传统复兴式”设计业务的主要竞争对手。

二、职业巅峰的印记（1919—1923）

教会创办在华高等教育事业中，医学教育和女子教育领域一直最为前沿，其经费投入远超当时的国立大学。如果说西医是因为承担传教布道的主要媒介功能而备受重视，女子教育则可能与扩展信众基础相关。不同于立竿见影的疗效，也不是现世救难的观音，男女平权的观念在19世纪中后期伴随鸦片贸易、传教士和坚船利炮进入中国。

1. 独树一帜的女子大学

女学创办与中国传统观念相悖[①]，无论开明豁达的汉唐，或是禁锢保守的明清，男尊女卑的纲常决定了女性在社会和家庭中的从属地位，她们接受教育的方式、内容和评价标准也就基本局限于家事范畴。《礼记·内则》："女子十年不出，姆教婉娩听从，执麻枲，治丝茧，织纴组紃，学女事，以共衣服。观于祭祀，纳酒浆笾豆菹醢，礼相助奠。十有五年而笄，二十而嫁。"即所谓履行"缝联补缀，百事皆通"(《女论语》)的职责和相夫教子的使命，具备"心犹首面也，是以甚致饰焉"(《女训》)的品行和婉约顺从、"嫁鸡随鸡"的节操，成为女子教育的终极社会目标。

"教会所至，女塾接轨"，1887年南京的第一所女子完全中学——汇文

---

① 中国古代社会对女子受教育一直存有较深的芥蒂。近代教育改革的先驱者、京师大学堂的创办者之一张百熙也曾表示："惟中西礼俗不同，不便设立女学及女师范学堂。"(1903)早期教会女校的办学主旨，最初在于传教，而后则是为了培养传教人才和宗教领袖。其课程设置在基督教教训课本以及圣经故事、数学、地理、英语等主科的基础上，涉及国文、世界历史、哲学、天文、音乐、体操以及物理、生物学等各科，却已完全突破只重女子修身与家政训练的传统教育局限。

女中成立。到了1907年清政府颁布《女子学堂章程》和1912年南京临时政府颁布《普通教育暂行办法》,宣布女子享有同等受教育权利。对教会女校的关注和认同,初始时被视为一种时尚“镀金”和身份的彰显,而随着新式社会精英不断投身教育,女性读书才真正开始被尊重并蔚然成风。女性全面掌握自然与社会科学知识,正如美传教士林乐知所讲的“明外事,擅文才,而后其志气高尚,其见识远大,其位置崇亢,而不肯自卑,其行止洒落,而无所黏滞焉”。她们重新审视自我、觉醒自我,并逐渐走向自立自强之路。1907年,中国传教士百年会议上建议“敦促宣教会本部在战略要地合作创办一些女子大学和师范学校”[①]。1919年底,国立南京高等师范学校教务主任陶行知在校务会议上提案通过《规定女子旁听法案》,次年夏季正式招收女生,实现中国高校男女同校的历史性变革。

金陵女子大学(Ginling College)创办是源于差会1912年初讨论“如何解决教会女中急需师资,及女中毕业生升学场所的问题……一致认为解决的办法是在长江流域组建一所女子联合大学”[②]。1913年夏,美国北长老会、美以美会、南北监理会、北浸礼会、基督会各选派3人组成了校董会,同年11月13日,“校董事会根据临时章程,推举北长老会的代表德本康夫人(Matilda Thurston,1875—1958)为新大学的首任校长”。考虑到与国民政府的特殊关系,以及作为扬子江流域妇女联合大学,女校定址南京,面向民智开启和教育普及最为发达的江南地区[③]。1915年9月17日,金陵女子大学正式开学(图10、图11),有4名外籍教师,1间实验室,1部大英百科全书,11名学生。1919年,首届5名学生毕业[④],培养了中国第一届获学士学位的女大学生。毕业学生赴美后受到各院校好评,纽约州大学

① 杰西·格·卢茨著,曾钜生译:《中国教会大学史1850—1950》,浙江教育出版社,1987年版,第126页。在此期间,1904年,美国美部会贝满夫人(Eliza Bridgman)开办的女塾“贝满学校”扩展为华北协和女子大学(该校于1895年增添大学预科内容,1920年并入燕京大学成为女子学院)。1914年,福州女子学院预备学校由美国卫理公会升级为华南女子大学(该校于1908年增添大学预科内容,1917年完成全部本科课程开设后,正式更名为华南女子文理学院)。

② 孙海英:《金陵百屋房:金陵女子大学》,河北教育出版社,2004年版,第5页。

③ 1907年,江南地区仅天主教会设立的女校697所,在校学生15300人。此后,女校从落地江南到遍布全国。

④ 第一届毕业生的学位仅在美国获得认可,其中就有后来出任金陵女子大学董事会主席的留美教育学硕士徐亦蓁,第二任校长、留美生物学博士吴贻芳。

委员会表示："在金陵女子大学获得学士学位的毕业生，可以不经考试直接申请美国大学的研究院深造，攻读硕士学位。"

图10　绣花巷临时校区校门学生合影

图11　绣花巷临时校区校门，摄于1918年

德本康夫人是把终身都奉献给教育事业的基督教徒，她与丈夫曾参与雅礼大学的创建。她的丈夫罗伦斯·德士敦(Lawrence Thurston)是雅礼会主要创始人之一，与墨菲同时期在耶鲁大学读书，1898年毕业后投身"学生立志海外宣教运动"，在帮助完成建校选址工作时，因患肺结核，于1904年英年早逝。德本康夫人继承其遗志，于1906—1911年期间任教长沙雅礼大学。1920年代后期，中国民族主义浪潮下，国民政府收回教育权[①]，主持校务15年的德本康夫人主动请辞并把校长职务交接给女大培养出的学生，继续以顾问、兼职教师，以及监督人的身份在校服务，直到1943年返美。

金陵女子大学校训为"厚生(Abundant Life)"，即遵循"施比受更为有福"的精神。校长德本康夫人对"厚生"的诠释就是在各方面得到至善至美的发展。1951年院系调整前的35年间，女大执行精英化路线，毕业女生俚称"999朵玫瑰"。女大师资卓越、治学严格、束脩至厚(金陵女子大学每年200银圆的学费位居全国之首，当时圣约翰大学160银圆，清华大学40银圆)，学生人格塑造至为重要，校园的环境空间载体营造也必然精粹相称。墨菲的第一个中国实践——雅礼大学新校园设计是德本康夫人曾服务的学校，也是她最直接的参照物。

一战停战后，新校园的建设开始启动，在纽约的董事会希望是"不超过两层高，有中国屋顶的建筑"，但德本康夫人显然期望更多。墨菲广受好评

① 按照当时的大学组织法，校内只有文理两个学院，就不能叫大学。1930年，在国民政府教育部立案，女大更名为金陵女子文理学院。

的众多业绩符合传教士总部一直倡导的民族形式要求，而他对适应性建筑复兴的热情与德本康夫人的夙愿一拍即合。恰巧，德本康夫人的同僚、南京教会事业委员会主席司徒雷登博士(John Leighton Stuart)被举荐筹备燕京大学(Peking University)。专程来华考察的燕京大学托事部(The Board of Trustees)理事爱德华·史密斯(Edward L. Smith)到南京与司徒雷登和墨菲分别进行了会谈。墨菲被燕京大学选中也让德本康夫人倍感值得托付。如果说墨菲的另一个巅峰之作——燕京大学是磨砺的结果，则金陵女子大学算得上天作之合。

1918年9月，墨菲和邓肯·福赛斯(J. Duncan Forsyth)在金陵大学(Private University of Nanking，1952年并入南京大学)校长包文(Arthur J. Bowen)的陪同之下，与德本康夫人在南京第一次正式会面，共同踏勘位于随园旧址内的新校园基地现场，探讨未来学校的建设诉求与愿景。

2. 新校园的谋划与构思

新建学校规模起初计划容纳200名学生，在司徒雷登的帮助下，于1916年购置了宁海路一带随园旧址内的160亩土地。选择的基地位于清凉山东麓，地势西高东低，西靠“大西山”，北接“小西山”，南抵“南山”，三面环山，中部和东部是一片开阔地。1918年4月，新校园的详细地形图由亨利·贝克(Henry E. Baker)组织测绘完成。

建设资金筹集主要由1915年结成姐妹校的美国史密斯女子学院捐助和募捐。1919年，校园基建工程启动前，校方有4万美元(时价约兑6万银圆)专项资金，且德本康夫人又专程宣讲返美筹集，截至1921年，经由美国史密斯女子学院共筹集到了60万美元(兑87—95万银圆)的建设经费。由于资金准备充沛，德本康夫人希望新校园在风貌与建筑形式方面，能展现更多代表中国地域文化的元素，而不仅仅是“屋顶”型式。

南京城里的西式建筑已越来越多，类型样式各异。早先的起自太平天国天京被破后，洋务运动“师夷长技以制夷”，创办军事工业和开办军事学堂。同治四年(1865)的金陵制造局是南京最早的近代工业建筑，其他为金陵船厂(1866)、火药局(1884)、江南铸造银元制钱总局(1896)等,后者现今遗存寥寥。光绪十六年(1890)的江南水师学堂有巴洛克(Baroque)风格的门楼,校舍同江南陆师学堂之矿路学堂(1896)一样是为数不多的"外廊样式(Veranda Style)",因下关开埠较晚(1899),除了后来租用的英国大使馆(又名小白楼,1916)和法国大使馆,这种"移植"东南亚殖民地的做法已少见。作为三个主教区之一,复建的罗马风石鼓路天主教堂(1870)是当时最早的西方古典主义形式建筑,汇文书院钟楼(1888)、马林医院(现鼓楼医院内,1892)是殖民地(Colonial)和乔治亚风格建筑,规模都不大。下关火车站(1905)、江苏省咨议局[①](1909)为文艺复兴式,是最早的交通和行政类建筑。1912年后南京的政治地位升格,主流西式折衷主义建筑的等级和类型变多。大马路上的中国银行南京分行(1912)、江苏邮政管理局(1918)、南京邮电局(1919)等呈现为新古典主义和文艺复兴式,而扬子饭店(1912)法国城堡府邸式建筑揭开了商业建筑的序幕。

"教会本土化"现象在南京已开始出现,圣公会创办的益智小学(1916,道圣堂旧址,现南京市第十二中学),只是在方盒子上加了中式的大屋顶,自然为德本康夫人所不喜。司马[②](Alexander G Small)督造、齐兆昌[③]监理的金陵大学(1917—1926)做了很大改进,采用中西合璧的建筑形式,还没有全部建完。而女大的临时校址是租赁城东绣花巷李鸿章遗宅,雅称"百间屋"或"百屋房",厢房百余,花园回廊俱全,师生俱心怡其风物。她在之前给墨菲的信中写道:"如果我们赞同中国风格的话,会是不超过二层的房屋,我个人希望在屋顶之下(的建筑形式)也是中国式的。你们对雅礼大学的建筑设计图比我见过的任何其他(新建)建筑都更接近真正的中国式样。"墨菲很支持这种观点,他在8月3日的回信中写道:"我完全理解你的感觉,你们的建筑物整体上也应该是中国式的。显然,屋顶是中国风格最

① 设计者孙杞(1882—1975),原字支夏,近代最早的中国建筑师之一。江苏省咨议局在辛亥革命后,曾作为民国临时政府参议院,现址为江苏省军区司令部。

② 司马,美国帕金斯/费罗斯和汉密尔顿建筑事务所设计师,金陵大学北大楼(现南京大学标志性建筑)的设计者。

③ 齐兆昌(1880—1956),教会建筑师,深造于密歇根大学土木工程专业。中科院院士、建筑大师齐康之父。

显著的特征;但风格的本质还体现在开窗方式、虚实关系、体量和细部。我们都觉得在当代的设计中,需要处理比顶部更多的部分,否则是不足以试图去获得这些卓越的中国建筑精髓。”

南京会面的9天之后,墨菲和福赛斯向德本康夫人展示了两三种不同构思的草图。双方经过讨论确定出初步方案的雏形(图12),计划“在接下来的两周里深化和细化”。伴随着这个阶段的初步工作与交流,墨菲在工作“备忘录”中记录了他对设计项目的一些思考和判断。

图12 墨菲手绘的校园规划鸟瞰图(1918)

校园空间与形象塑造中,他首先关注的是建筑在复杂地形上的朝向和布局,然后才是它们应该如何呈现中国风格。基地现场边界零散,地形和地貌条件驳杂,南端丘坡之下还散布池塘11口。校方正在与市府当局沟通,协商处置基地内发现的大量土坟,以及修整取直不规则宗地界线的边角形状。墨菲对场地主要特征的总结和基本策略是:“东西向狭长的洼地贯穿于整个宗地的中央,一组以其中心线为主轴的建筑群布局,将最大地实现场地在空间特征上的可能性。”他在描述这个决断时第一次提出“适应性”建筑的原则。因为场地南高北低走势和山体地貌变化条件的限制,在建构传统礼仪性空间秩序的同时,舍弃了中国传统南北向中轴线的常规方位。墨菲认为:“建筑物的朝向(选择)是我们在其它已知高校建筑群中最好的想法”,即“近乎东西向长轴布置的宿舍,以及南北向长轴布置的报告厅”。这种源于古典主义的凸显中轴、平抑两厢布局,表明了“适应性”说法的骨子里还是欧美的西方设计思维与空间逻辑。显而易见,中国空间营造的内涵意蕴和精髓,很难为一个非母语体系的外国人通过短暂体验而理解,甚至今天因文化被割裂而传承支离的我们在理解上都有些吃力或盲目。而外在表象的学习和解构显得更具备可操作性,无论是墨菲游刃有余的西方古典还是东方美学,无论民国时期的东西合璧还是当代的东施效颦,都大抵如此。

墨菲的另一个建议是关于校园功能组织,“从实用的角度来”,将建筑群放在山脚下的平地上,而不是在斜坡或山顶上。“在南京气候条件下,学校的主要问题是注重冬季的舒适性而不是夏季;因为学院在最炎热的时节已经放假,因此,利用山体的保护在避风处布置宿舍,好过在山顶上的微风习习。同时,整个校区最好的景色也是面向东方的山峰,恰恰处在我们规划的主轴线上。”在校园建筑群的具体布置中,四栋宿舍楼以合院的形式位于基地西端。居住建筑防护寒冷天气的必要性与女生宿舍相对私密性需求相结合,并最大限度地让每间房都获得日照。东侧的科学实验室则考虑朝北向的漫反射光线要求。

校园空间构成应该是中国传统庭院组合配以小桥流水的园林。“我们认为,宿舍合院内的庭院景观应尽可能地处理为中式,并且尽一切努力使这部分非常本土化。”换言之,造型与风格体现中国理念,并适用于其他校舍所围合而成的空间。图书馆与小教堂、一对教学楼和系馆、报告厅(后改为社会与体育大楼,建成后为会议与体育大楼)均南北对称布置在学生宿舍的东面,除教师宿舍外,它们都围绕一个中央绿地空间,呈四边形合院排列。墨菲希望能够方便学生去上课,因此教室和实验室应靠近生活区;图书馆和小教堂由于是最公共的两座建筑,应该“放在最接近公共道路的东端,侧面是有庄严的组合”。尊严的空间序列“在一个大学组团中如此重要”,墨菲断言,如果把现在位于东边的三个池塘连接起来,用平桥或折桥横跨这些人工溪流,那么最具吸引力的景观效果将会得到强化。而从实用的观点来看,环绕中央池塘的环形车道,将为到达教堂和图书馆的车辆提供理想的通行空间。

墨菲总结和借鉴了以往校园项目景观环境细部营造的经验和教训。例如雅礼大学和清华大学这两个项目中,如何通过运用轴线以及院落空间的开合,为建筑群的主立面提供合适的前景视野,并最终凸显校园整体空间结构。在复旦大学,他也曾提议采用园林拱桥来达到一种如画般的效果;在福建协和大学,他已经面对过一个富有挑战性的丘陵地貌场地。因此,金陵女大的设计看起来似乎并不像早期时那般缺乏经验。

1918年夏天,墨菲在实践中产生的这些适应性问题的思考,在初秋时分逐渐发展成熟并充分地融入金陵女大的设计中,最终形成了向德本康夫人和金陵女大委员会提出的初步规划成果。

3. 最终确认与工作开展

设计工作进展迅速,当墨菲和福赛斯与德本康夫人在南京友好合作时,丹纳成功地与在纽约的金陵女大美国管理委员会进行了会谈,德本康夫人与委员会成员也保持密切联络,双方交流对设计的评判意见和相应的建设资金预算。1919年1月,建筑师的构思和客户需求基本达成一致,学校规模也确认由招收200个学生增加到400个学生,“管理委员会已经批准迄今为止的一切内容”。

墨菲还与德本康夫人商定了具体需要设计的单体建筑,包括小教堂、图书馆、科学馆、报告厅、院系馆和宿舍楼群。事务所将提供平、立、剖面详细施工图纸,以及每平方英尺估算造价。丹纳和金陵女大纽约委员会直到2月份后才看到墨菲寄出的最后“阶段性方案”,事务所纽约总部的设计人员已经做好了准备。除了深化细节外,他们将“绘制彩色鸟瞰图来帮助筹集资金”,其中包括一期初步拟定的四栋建筑和远景计划。这些建筑群将清晰地呈现在捐赠者面前,它们仿佛是一座座纪念碑,托付着所有人的夙愿。

1919年3月下旬,墨菲返回美国以推进筹备工作。1919年4月10日,他与金陵女大委员会讨论最终定稿前的6个议题。

第一组议题是建筑风格和结构选型。金陵女大将全部是中国式样的完美呈现,而不只凭借一个拥有悬垂屋檐的大屋顶。墨菲特意提到校长德本康夫人完全支持这一决定,尽管其隐含着10%的建筑成本的增加。许多同时代人士警告和担忧宣教组织那种低效投资行为可能导致不良结果，因此预算问题已经开始影响金陵女大管理者的决策。是否选择新结构材料替代砖砌体？墨菲向委员会解释，除非新结构体系造价过高，才会继续把砖作为主要结构材料。“无论如何，考虑到（建筑使用）耐久性，肯定是使用公认最经济的钢筋混凝土结构。”显然，从结构角度或更深层次一些的建构理性而论，钢筋混凝土的建筑物永远不可能是“中国式的”；但是，从实际建成效果来看，金陵女大模仿中国木结构的创新却被认为是最成功的，后来被继承和广泛应用于“中国固有形式”建筑上。

第二组议题是工程造价和首期项目。委员会希望有更严格的预算控制和更明智的投资做法，使得墨菲开始正视经济问题。当委员会讨论到第三个问题时，墨菲根据长期在中国经营的经验提出节约工程费用的一个建议，他断言，1919年春是兑换墨西哥鹰洋的好时机，因为“正如东方的银行家所说，银圆兑换很长时间内价值不可能超过1.35—1.40圆/美元，而且可能永远不会达到2.00圆/美元”[①]。此外，在那个春天，从美国到中国的设备和工、器具等供应品的运输成本相对较低，因此应立即委托图纸设计以便能够尽快招标，并在不久的将来签订工程合同。如果委员会同意把科学馆、院系楼、社会与体育大楼和两栋宿舍楼作为一期计划，那么按目前汇率兑换22万银圆（预计约15.5万美元），将足以涵盖其建筑和景观工程费用。未来校园将以此为主体沿南北和东西两个轴向扩张。墨菲的判断在短期内还是明智的，1920年美元汇率下跌约5%，达到历史最低值，但之后开始飙升，工程结束时上涨幅度超过了30%。

第五组议题是工作计划。根据委员会在1月初投票决定的结果，第一批校舍准备在1921年9月1日开学前交付入住。墨菲由此制定出下文的进度计划表，这个时间表在后来的实施中多次延期，最终晚了2年。

（原进度计划表）：

1919年4月15日至6月1日，为筹款制作效果图；

1919年6月1日至9月1日，在纽约准备设计图纸；

---

① 1935年前，中国是唯一使用银本位制国家，1906年国际实行金本位后及1921年后银价下跌，美元兑银圆汇率变化极大，在1920年为历史最低值，前后5年1美元兑银圆变化值（单位：圆）分别为：1916年：2.2049；1917年：1.8360；1918年：1.6450；1919年：1.4180；1920年：1.3474；1921年：1.6293；1922年：1.7455；1923年：1.7695；1924年：1.7474；1925年：1.8923。

1919年9月1日至10月1日，设计图纸发往中国并抵达收取；

1919年10月1日至12月1日，茂旦洋行与德本康夫人协商完成施工图纸和材料表等施工说明；

1919年12月1日，茂旦洋行向承包商发送最终计划和规格；

1920年1月1日，完成预算；

1920年2月1日，签订施工合同；

1920年3月1日，施工开始；

1921年9月1日，第一批校舍建成入住。

委员会讨论的最后一个议题是施工监督。虽然校方初步意向是聘请当地的第三方外籍监理，但墨菲不同意这个决策。他申明当1920年春季后需要工程监理的时候，上海的茂旦洋行应已完成项目设计工作，“将有能力更好地处理建筑施工的监管”。墨菲没有阐述通过维持内部而不是外部的监督，他的团队将获得更多的利润，并可避免监理与墨菲产生潜在冲突和异议的牵扯。这对墨菲的精力投入和工作效率将会产生极大的影响，例如几年之后燕京大学建设过程中困难重重，让他焦头烂额。最终，金陵女大委员会出于对墨菲的折服和信任，认可了他的理由而没有外聘监理主管。

上海的茂旦洋行在会议后开始绘制大尺寸的校园鸟瞰图（图13），一共需要完成9份布衬复制件，这些工作必须在1919年8月初德本康夫人从中国返美之前完成。9月份时墨菲又强调和游说，将社会与体育大楼纳入一期工程，如果增加相应的财务支出，就可获得“建筑效果的极大提升”。因为这栋最大的单体建筑，“在某种程度上是整个建筑群中最令人印象深刻的，纳入首期会非常有益”。

图13　金陵女子大学规划鸟瞰图（1919）

1919年北美之行期间，通过金陵女大项目的顺利进展状况，可以侧面衡量出墨菲工作的成功。与德本康夫人一起在纽约的校本部基地时，除了作品的展示效果外，墨菲沉着而自信的表述，以及在建筑环境等方面的敏锐，都足以打动决策层。随着他对适应性建筑复兴的热情不断增长，他的渴望只要不被抹去，就必然与传教士总部已经作出的应对相共鸣。正如事务所里其他建筑师所惊叹的，墨菲在办公室里有着激发出忠诚和情感的奇妙能力，这种能力似乎也同样体现在他对待客户的态度中。在阐述新建筑保存中国传统的必要性时，他洋溢着极具感染力的神韵。

鸟瞰图件将被送往美国各地，交到正在筹集金陵女大建设资金的名媛们手中，同时也把墨菲的观念——“适应性中国文艺复兴(Adaptive Chinese Renaissance)”，传递给北美大陆的宣教支持者和教育工作者。

4. “五四”文化思潮的看客

当墨菲在设计这些金陵女大的鸟瞰图作为教育目的象征时，他也许已经意识到了1919年“五四”运动开始的中国学生抗议活动的象征意义，一场在年轻中国知识分子之间萦绕了几十年的文化和民族自豪感的示威[①]，一场从传统蜕变到现代的思想解放和文化自觉。作为一个受到源自法国启蒙运动的人道主义和英国的自由主义哲学影响，正处于现实主义潮流和批判潮流思想意识下的美国人，墨菲具备冒险创业的精神和务实求实的策略，却也匮于觉知彼时中国的文化形态并引发共鸣。没有经历体用之争的思索与阻碍，没有从被动给予到主动拿来的转换与挣扎，也就没有了激奋之情绪，中立的旁观者披上的是大时代所渲染的色彩。

一方面，墨菲他们的工作是涌动不息的新思想、新文化的筑巢者。“五四”运动前的民国陷于府院权力之争和外事失利的混乱局面，国内政治上纷乱争斗，军事上混战不休，但这并没有阻挡社会发展与变革。墨菲眼中

① 参见格里德著，鲁奇译：《胡适与中国的文艺复兴：中国革命中的自由主义1917—1937》，江苏人民出版社，1989年版；舒衡哲著，刘京建译：《中国启蒙运动：知识分子与五四遗产》，新星出版社，2007年版。

金陵女大所在的南京，是叫停了段祺瑞推行“武力统一”的南北战事，各方势力齐赴于此商讨和议的政治中心；是随着教会大学和国立高等教育的创建与发展，并先后迁来中国科学社和发起建立中华新教育社（中华教育共进社）等组织的学术高地。墨菲贡献出恪尽职守的专业服务和践行复兴的人文情怀。

同时期另一个美国人查德（Chaund）的言论可以补充说明墨菲的创作背景，他认为：“到目前为止，我们在科学、工程、哲学、文化、政治学、经济学等方面都取得了很大的进步，但却忽视了人类的生活水平和公共安全的重要问题。没有完全考虑到我们所生活的环境、卫生和审美的可能性，所有这一切都是从建筑师的角度来看的，这是提供专业工作和艺术技能的问题。”换言之，墨菲与查德的论点相似，认为一种代表了新建筑类型、具有瞩目外观的标志性建筑风貌将对整个社会产生有益的影响。

另一方面，墨菲受雇于教会组织而置身事外。教会在华势力孤立且游离于中国社会之外，墨菲此时的人脉圈和事业线也固化而自闭，3年后去教会化的“非基”运动和愈演愈烈的民族主义浪潮将极大压制教会生存空间和他的业务经营。“五四”运动倡导大众启蒙与传教面向的社会基层有所呼应，但一为开智，一为利事。教会的本土化是传教士总部经历传教阻力和挫折后采取的一种减缓手段，只是不同于在其他殖民地做法的一种妥协方式。墨菲一开始就展现出跟随教会本土化的姿态并将其作为终极目标，用尽可能纯粹的中国式样去呈现每一座校园的外在表象。他与教会大学校方的审美取向往往一拍即合，华丽的宫殿建筑群对标世俗皇权，天空中俯瞰的恢弘十字映射出至高无上的圣洁。

金陵女大校园中轴线西侧的宿舍等建筑群围合草坪、池塘和中国式庭院，构成轻巧灵动、相映生辉的南北向长方体。东西轴线长而南北轴线短的两条轴线垂直相交，叠合成为一个镶嵌在大地上的巴西利卡[①]（图14）。德本康校长称赞道：“它像哥特大教堂所具有的十字形，宿舍区方庭

---

① 巴西利卡（Basilica domus）一词来源于希腊语，原意是“王者之厅”，古罗马的一种公共建筑形式。基督教公开后，早期教堂几乎全部采用巴西利卡形制建造。竖道比横道长的拉丁十字由于象征耶稣受难，且平面布局很适合于仪式需要，中世纪后西欧天主教会一直把它当成正统的教堂形制。有别于东正教教堂流行的集中式形制的（等臂）希腊十字。

形成十字架的两翼，管理区和学院区组成其中央部分。”她由衷地喜爱墨菲所构想的这种象征方式，因为“周围环绕的中国建筑和庭院之中，我们创造了一个伟大的教堂，它朝向天空，伸展着巨大的十字架”。

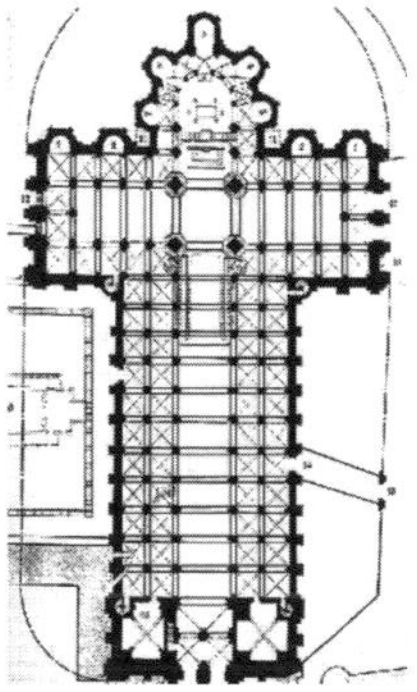

图14　巴西利卡形式的拉丁十字教堂平面

“五四”运动前后美学的嬗变，是旧范式解构和新范式形成的过程。墨菲的中西合璧设计作为一种文化交汇的产物，映射了近代中国历经意识形态、文化价值、制度与主义等侵入后的一系列文化现象的一个局部。建筑艺术有一点不同于文学、绘画或戏剧等艺术形式，就是其审美观的滞后性。“五四”时期美学变革以文学革命为契机，即使多年以后的评价和总结中，也都没有关于建筑角色对预想的这场变革有所贡献的表述，但墨菲的适应性设计无可争辩地实现了被认同的“美”的体验。“五四”运动的革命性，在于打破旧框框，破除阶级禁锢和卫道枷锁，追求真善美，而不是换个身份去亵渎美和仇视美。金陵女大和燕京大学的中国古典宫殿式建筑在感性上得到了胡适等旗手们的赞赏[①]，然而其并不符合诸如“八不主义”等激进主张[②]，更类似于严复、林纾用古文的遣词造句译介西方书籍。这种对传统缺乏批判性反思和重构的设计，在10年后的国民政府《首都计划》以及新中国首都“十大建筑”中依然保持主流导向。直到1970年代，华裔美籍建

① 一座“世界最美丽的校园”（胡适语），这就是如今北京大学校园的前身——燕京大学的“燕园”。唐克扬：《从废园到燕园》，生活·读书·新知三联书店，2009年版，第2页。

② 1918年4月，胡适于《新青年》发表《建设的文学革命论》，将“八事”修正为“八不主义”：不做言之无物的文字、不做无病呻吟的文字、不用典、不用套语烂调、不重对偶，文须废骈，诗须废律、不做不合文法的文字、不摹仿古人、不避俗话俗字。

筑师贝聿铭主持设计香山饭店[①],才完成了当代中国建筑创作的新框架建立。

“五四”时期没有条件探索现代建筑美学范式,墨菲对中国传统形式的固执和极致追求,保住了其“国粹”的美学地位。他同时任事务所绘画员的吕彦直一道前往心目中最完美的建筑群——北京明清故宫,做了大量的实地考察,吕彦直还“亲手绘制了不少故宫建筑图”[②]。(图15)在旧社会,建筑创作属于匠人体系,不同于文学美术等是士大夫们“赏玩”的主战场,墨菲在建筑学上的追求和表达与学生运动在更广泛文化意义上的设想还是有共同点的。墨菲校园设计构思中展现仪式感的建筑群落本质上是服务于“生活之美”“人之美”的改良,是基于当时革命文学派功利主义之后的情感主义(感性论)和个性主义(个体)。[③]因此,墨菲在写给朋友的信中称胡适是他最好的中国朋友之一。

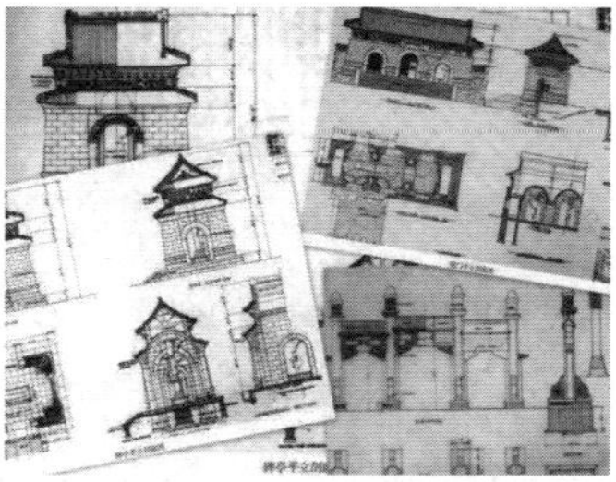

图15　吕彦直绘制的中山陵设计图纸

对于在事务所工作或配合的年轻中国建筑师,如在纽约总部参加金陵女大设计的吕彦直或北京驻校建筑师庄俊等,墨菲从来没有提及,也没有迹象表明,他们的设计创作与中国蓬勃发展的文化热潮之间有何直接关联。但留学毕业后能够参与传承中国美学的建筑实践是一个莫大的机遇,正是他们和受此风尚影响的同时代建筑师们,青涩而践行不息,孕育出东

① 1980年,贝聿铭在接受美国记者采访时,谈到他尝试帮助中国建筑师寻找一条新路:“我体会到中国建筑已处于死胡同,无方向可寻。中国建筑师会同意这点,他们不能走回头路。庙宇殿堂式的建筑不仅经济上难以办到,思想意识也接受不了。他们走过苏联的道路,他们不喜欢这样的建筑。现在他们在试走西方的道路,我恐怕他们也会接受不了……中国建筑师正在进退两难,他们不知道走哪条路。”

② 杨永生,刘叙杰,林洙:《建筑五宗师》,百花文艺出版社,2005年版,第7—8页。

③ 参见林语堂对艺术生活中的建筑发表的观点。林语堂著,郝志东、沈益洪译:《中国人》,学林出版社,1994年版,第303—312页。

方新古典主义流派，树立了国际建筑设计领域里中国自己的独有风格。

5. 督造实施的建设进程

校园建设进入实质性阶段后，各种突发情况也就接踵而来。1919年秋天墨菲和马起(Henry J. McGill)返回中国后，就遇到了一件设计决策上的纠结事，有点类似于我们今天遇到的越级领导意见。意见是针对场地设计，长老会(Presbyterian Board)秘书长斯科特(George T. Scott)圣诞节抵达南京，他在访问金陵女大新校园时，针对场地排水组织表示了不同意见。斯科特建议修改墨菲的规划，将建筑转移到更高的地方。这个说法从绝对意义上讲还是有一些高屋建瓴的道理的，好吧，这条意见其实毫无建设意义。此时德本康夫人仍然在纽约，处于尴尬位置的墨菲必须要回应，不想屈节也只能卑躬，他非常理智地建议由包文博士聘请司马对新校园进行详尽的排水设计与研究。

司马的工作主要是“确定现场与周边环境的相对标高，并确定是否可以将排水沟渠和管道线路布置到较低高程使彻底排水，以及管沟的行程”。他还建议“包文博士可以通过对周边土地产权人的调查，是否能安排将排水管道穿越他人拥有的产权土地，一旦确定了这些要点，金陵女大的管理者再发函给墨菲和丹纳的上海办事处，以便他们可以继续工作”。

司马的调研报告委婉地回避了把建筑移到山坡上的意见，而是表明需要提高5—6英尺(1英尺约合0.3米)部分建筑物的底层正负零标高，并收购少量周边土地，确保校园从西向东的排水。确认原规划还没有失控的墨菲1920年春季离开中国之前，对设计进行了些许细微的修改。虽然庆幸于没有第三方掣肘，但金陵女大的大部分建筑深化设计工作还是不可避免地缓了下来。1921年夏天，墨菲再次返回纽约忙于重组公司和重组家庭，施工启始一直拖到了暴雨季之后。

德本康夫人一直在美国筹款，金陵女大“合作和非竞争”性质的宣讲获得了极大成功，“教会、妇女社团和大学俱乐部中的美国女性被激起对中国女性的关注，因为她们从长久的隐身中脱颖而出，成为一个新的权益和责任群体”[1]。但是工期停滞让她比墨菲更加恼火,在过去6个月里,除了自己躬行的筹款外,她抱怨项目动工前“通往新校园的施工道路不得不重修,周边土地平整受不愿动的坟丘制约,甚至在炎夏天降倾盆大雨,阻止所有道路施工、迁坟及地基处理(工程)”。

建筑公司的选择与合作也是一波三折。1920年11月,金陵女大工程招标,最初根据报价选定了南京最大的新式营造厂“陈明记”[2]。“陈明记”与基督教会渊源深厚,之前也承建了金陵大学校舍。但是第二年春天,厂长陈烈明与墨菲商谈时突然把价格提高了25%,“很明显他没有严格遵守(规格细节)”[3]。墨菲因为曾在日本和韩国都遇到过不靠谱的承建商而对此颇有顾虑,他建议委员会撤销与“陈明记”的协议,而签约他熟悉的上海“余洪记”[4]。余积臣同意按原中标价格执行,并象征性略为降低报价后而得到了这份合同。

所有营造厂从老板到工人几乎都是木匠出身,“余洪记”通过上海邮政总局等工程也获得钢筋混凝土框架结构的施工经验,但金陵女大的校园建筑第一次把两者全面嫁接起来。这对墨菲来说同样是一个巨大的挑战,与方案不同,建造所需要的细部设计让他倍感吃力。用西方建筑装饰性美术方法去勾勒中国结构理性的外部投形,又缺乏对中国木作作法的认知,不免动辄失之毫厘。施工图纸交接给营造厂后,有大量的细部蓝图让工匠师傅无从下手:既不同于传统法式标准,图样也有些似是而非。于是,让墨菲惊讶的场景出现了,他发现工匠们对复杂的建筑细部持有“极大兴趣和爱好”,看到他们充满热情地工作到日落黄昏,甚至还嘲笑那些干了一半就休息的人。墨菲遵循巴黎美院的建筑设计方法,

---

① 马蒂尔达·德士敦(德本康夫人),露丝·切斯特(Ruth M. Chester):《金陵女子大学》(*Ginling College*),中国基督教大学校董联合会(United Board for Christian Colleges in China)丛书,1955年,第28—29页。

② 明记营造厂是民国时期长江三角洲地区规模最大的营造厂之一,与“新金记”“陶馥记”“陆根记”合称民国四大营造厂,几乎包揽了南京所有的教会建设项目,教会工程的丰厚利润也多次回捐,如莫愁路基督教堂等。创办人陈烈明为教会长老,1927年被聘为金陵大学校长的陈裕光之父。

③ 参见德本康夫人递交金陵女大管理委员会文件(1921年7月19日),亚洲基督教高等教育联合委员会档案,耶鲁大学神学院图书馆藏。

④ 洪记营造厂创办人为余积臣,代表性工程还有:1924年完成的被誉为“中国第一大建筑”——上海邮政总局、当今作为上海创意时尚地标之一的“1933老场坊”——工部局宰牲场等。陶桂林也是凭借受其聘用的酬劳,创办了馥记营造厂。

在现场制作1:1石膏模型来研究完整的细节实物。1921年后美元兑换银圆汇率暴涨,加上中国廉价的劳动力,使得建造一个角落或大楼全尺寸模型变得可行。他们选择了较为复杂的图书馆及礼堂的角部,工匠师傅们在每个按图制作的细节成型之时,就聚在一起激烈争论如何将这些模型变成真正的中国古建筑样子(图16)。

图16　图书馆及礼堂石灰大洋南面,摄于1933年2月

这是墨菲从没感受过的设计体验,从基座到屋面的每一个角度去观察。他并没有完全理解大木作承重结构的剖面法则,便采用了类似于实物雕塑的方式,从蓝图到模型来校验完美的美学关系。

1921年至1923年间,尽管有许多令人沮丧的小麻烦,但随着校园的慢慢成形,工人、工头、主管、建筑师和传教士们都开始惊叹不已(图17、图18)。

图17　在建中的金陵女子大学,摄于1920年

图18　刚建成的金陵女子大学

1923年7月金陵女大迁入新校园,此时基本完成首批7幢校舍,包括:100号的社会与体育大楼(1431平方米,设会议、接待厅和室内运动场)、200号的自然科学馆(1541平方米,设理化及生物等实验室和阶梯教室)、300号的文学馆(1492平方米,设外文、中文、历史等系馆)、400号至700号的4幢学生宿舍(共4603平方米,含交谊室和小食堂,其中700号为1924

年建成交付)，600号和700号之间的宿舍楼后来取消未建。1934年，继续按原设计建成图书馆兼行政楼(1397平方米)[①]、礼堂兼音乐系楼(1444平方米)，以及100号西侧以人工湖为主景的花园。蒋介石参加了开学典礼，致辞中期望他们用基督教帮助他人并为社区和国家服务。(图19)

图19　图中右起三人分别为蒋介石、宋美龄、吴贻芳，摄于1934年

6. “东方最美丽校园”称号

1923年10月，墨菲非常高兴地收到金陵女子大学下旬将正式开学的消息，但很遗憾的是他今后3年会一直留在纽约。南京的国立和教会大学、神学院，以及苏州大学等都派出代表参加了开幕式，直系齐燮元属下的江苏省民政官员和公共工程专员也莅临现场，尤其是燕京大学在纽约和北京的决策者都饶有兴趣地关注这场盛会的风评。

作为参与学校建设工作的团队之一，罗伯特·麦肯齐(Robert MacKenzie)和上海茂旦洋行哈罗德·凯斯(Harold Keys)代表墨菲出席。凯斯说道，起初他和麦肯齐“四处闲逛，听着别人的评论，却没有向他们透露我们与这些建筑的任何关联。大家似乎对结果都很满意，当最后表明身份时，我们收到了很多致贺……每个人都表示设计效果远远超出了他们的预期”。德本康夫人“非常高兴和满意，”公共工程专员说，“这是第一次外国人成功地将中国建筑形式运用到(中国的)现代需求中。”其他人还对校

① 1932年6月动工。《中华图书馆协会会报》1933年9月的《金陵女子文理学院新图之建筑》一文中专门报道：“金陵女子文理学院近由美人Murphy氏设计建筑一中国宫殿式之圃，由利源公司承任建筑共洋十二万五千元。”胡适、孔祥熙出席落成典礼，吴贻芳校长及前任校长德本康夫人主持。

园的柔和色调赞不绝口，与北京鲜明绚丽的色彩相比，金陵女大宫殿式建筑更多了些南方的淡雅调和。他们认为校园整体效果远比大多数洛克菲勒基金会(Rockefeller Foundation)的校园更优美、更秀丽。

呈现在嘉宾眼前的，完全按照近代大学标准新建起来的学校，是将西方校园轴线式三合院布局与中国传统宫殿的轴线院落式布局完美结合的建筑群落形态。依循近代大学的先驱——弗吉尼亚大学的布局原型，整体校园复制了“学术区”的概念模板，有机划分教学行政、学生宿舍和教师住宅等功能区。合院与院落、轴线与对称以及主体建筑的设置，在东西方文化中具有相似性，也符合伦理、纲常的传统形制。这种模式在近代中国获得广泛认同，并成为那个时代大学校园以及许多行署大院的基本格局。墨菲在金陵女大校园的设计中，更多地表达了对中国造园手法的学习和探索，首次将“中国风”推上近代建筑创作的高峰。

校园空间布局特色，一是利用原有山形水洼因地制宜。结合传统园林构架山水的审美需求，将布局工整的合院建筑群体嵌入满山林木的葱笼之中。

二是轴线的穿插对应。墨菲将中轴线作为体现中国古典布局的关键，其东侧采用林荫道加强主入口起始空间的纵深感，中央承接宽阔的大草坪，凸显标志性建筑，即综合了学术阵地和强身运动的100号楼(图20)；西侧转换为池塘与后花园，引至丘陵(西山)高处，止于峰顶楼阁。

三是注重空间的围合与渗透。三合院布局经由图书馆和小教堂的确立，改良为“3.5合院”，南北平行对称排列系馆和教学楼，西侧两翼成组布置两排学生宿舍，东向则合而未拢，与礼仪性校门前导序列建立掩映的空间关系。建筑物之间以游廊相接，隔而不断、透而有致，丰富了庭院之间的导引和框景效果(图21)。

图20　100号楼和大草坪

图21　游廊前的口语课

校园建筑造型均是明清宫殿式风格，形成墨菲建筑创作的定型套路。将西方古典建筑“三段式”构图手法与中国官式建筑屋顶、墙身、基座的构图比例有机结合，采用西式造法的结构和材料，“金陵女子大学的设计中，他尝试用钢筋混凝土仿制斗拱，用红色壁柱在墙面上划分中国式立面构图，摸索出一套处理宫殿化特征的设计手法。在燕京大学校园规划中……单体建筑模仿宫殿形式的手法更趋成熟，但功能、结构是全新的，室内设计是更先进的……这种规划与设计，当时被看作体现西方近代物质文明和中国固有精神文明的结合”。

主体建筑的上部为歇山顶，覆以青瓦。一期的大屋顶采用木结构，梁均为整木用钢条连结加固，飞檐也是由木料折托起，后来盖的音乐楼与图书馆改为整体钢筋混凝土结构。檐下斗拱、梁枋和柱利用混凝土的可塑性浇筑而成，分别绘以彩画、调整冷暖色调，选用朱色对标故宫的庄严隆重。基座用水刷石饰面，赋予厚重感。墨菲对中国元素的强调，使得整个建筑建成后，从屋面、墙身到基座呈现出一种鲜明的风格特征与和谐的过渡交接。(图22)

图22　400号学生宿舍

建筑的外墙按照使用需求，设置可开启窗以通风采光，样式为中式花格扇，重要部位还使用了故宫的三交六椀菱花窗和如意纹裙板。建筑细部设计也是不厌其烦，大量小木作等构件被延引作为装饰性符号，如雀替、脊兽、垂兽和抱鼓石、门簪、悬鱼、栏杆等。建筑主体外点缀游廊，俱是朱色廊柱、青色筒瓦。(图23)

图23　建筑细部

建筑的内部功能配置也很现代化。200号楼、300号楼除了文理各系科用房、公共教室外，配备了胚胎生理、菌学、化学、物理、分析、有机化学等10多个实验室和暗房、天平室、演示室等。100号楼满足交谊、会议、体育和健身，以及举办报告、演讲功能。宿舍4人一间，东西向确保每日可采光，鼓励跨系、跨年级学生合居合餐；每栋宿舍楼设计入住100名学生，并配备约50平方米的休息交流室和一位辅导员教师居室；南北两组宿舍楼群端头对称布置边房，即饭厅和浴室等，保持着楼群外立面的齐整。

景观环境营造也是中西合璧的结果。墨菲基于对东方文化和空间营造的理解，结合现代校园需求，探索其建筑与园林空间的融合和创新性表达。校园景观场所的设计成功地将整体环境和功能组织、文化意象及行为秩序串联起来，筑就了今天被誉为“东方最美丽校园”的空间基底(图24)。

图24　300号楼建筑入口

宏观视域的整体格局，遵循中国传统中自然至上、师法天地等追求人与自然和谐统一的理想主义。墨菲从基地踏勘时对山形走势与轴线方位的推敲,到构思定稿时对坡地高程起伏变化的利用,都充分考虑校舍聚落镶嵌山水之间的形态。这一点,西方只有英国在18世纪一场源于民间的风景艺术运动后,才注重“自然是最好的园林师”的准则。而此时墨菲的现代主义建筑同行们,在探索理性空间和自由平面的过程中,也正走向对自然和场所的回归。当然,墨菲考量的主要是如何将保留的山岗打造成为大尺度空间的借景或对景,而不是讲究风水的地理形势,更谈不上理气察观、点穴择向了。

中观视野的校区景观,明显强调轴线和主体建筑对平面构图的控制。墨菲回归到西方古典园林的代表——法国“规整式园林”设计,钟情于几何图形的魅力,将景观视作建筑的陪衬,对称、均衡、有序、严谨,凸显人工美高于自然美。法桐穹盖的林荫道、方方正正的大草坪,精美的韵律节奏感体现出对形式美的追求。墨菲所选用的中国元素如同一种居高临下的建筑表情,替代了喷泉雕像、中庭柱廊的构成。

微观视角的环境营造,竭力展示可视化的东方风情。可视化从某种程度上来看,只是传统元素中被西方人感知到并加以重视的部分。墨菲用临摹拓本的方式进行复制,除了借鉴紫禁城外,随园旧景已无从考察,深受师生喜爱的绣花巷旧址——百间屋“回廊挂落花格窗”的徽派建筑手法也被应用到校园。墨菲没有那么多“山水为主、建筑是从”的讲究,造园时庙堂或私苑之器物来者不拒;院落中湖石假山、驳岸桥台等都很朴实且罗列大观,透过隔而不断的连廊,汇入满山花叶,也算得上为人民群众所喜闻乐见。

金陵女子大学旧址于2006年列入第六批全国重点文物保护单位,近现代重要史迹及代表性建筑类。其姐妹作燕京大学建筑也同为国宝,并代表着近代教会大学建筑的最高艺术成就。中国近代建筑史研究奠基人汪坦在《中国近代建筑总览:北京篇》(1993)中评价燕大校园:“整组建筑采用中国传统建筑布局,结合原有山形水系,注重空间围合及轴线对应关系,格局完整,区划分明,建筑造型比例严谨,尺度合宜,工艺精致,是中国近代建筑中传统形式和现代功能相结合的一项重要创作,具有很高的环境艺术价值。”此言“同样可以视为对金陵女子大学建筑的客观公正的评价”。

三、传统复兴的旗帜（1923—1932）

中国早期大学在建筑形式的选择方面有一个十分有趣的现象，同样是请外国设计师，国立大学几乎无一例外地采用了西方建筑形式，而同时期国外教会大学却已经采用中国形式。关于外在形式选择上的差异，董黎在《中国教会大学建筑史研究》中认为，其表现了对待西方新式教育根本目的的不同认识。或者说是中国步入国际化初期阶段，价值观和民族意识产生悖离，这种失衡现象延至今时，还会闪现出一些轨迹和踪影。

1. 教会媒体关注与评论

1923年12月的传教士杂志《兴华报》(China Christian Advocate)上，评论员解释说，在席卷全中国的"新教育热潮"中，金陵女子大学是一个标杆性示范，避免"(通过制作)最简陋的美式砖砌结构复制品，固化成使美国人自己都惭愧的标准文化……让中国新生代认为这就是新世界的象征"。其次，过度关注资金投入并且竭力控制预算，大多管理者创造了"令人遗憾的景象"。他们忘记了，"经济和美丽都是真正教育中的女仆。墨菲的代表作有理由为他们的成就感到自豪，因为适应现代实验室和生活便利的建筑物，已经被加上了中国美丽的屋顶和代表地域特色的装饰"。

其他传教士评论家在1923年末和1924年也表达了类似的观点，他们描述了一个"本土教会运动"的发展趋势，他们的理想与墨菲的"适应性中国文艺复兴"理念相吻合。例如，天主教玛利诺会(Maryknoll)早在1920年就表现出对中国建筑传统的喜爱，当他们在1923年公布远期的建筑计划时，决定将他们的宗教建筑模仿中国的寺庙。天主教大主教对此表示鼓励,并指出这种趋势将“支持教皇发展本土的基督教艺术和建筑”。当然,新教传教士团不会与教皇联手,而只在情感上表示回应。

1924年晚些时候,《教务杂志》(The Chinese Recorder)更加关注教会政策与教会建筑之间的关联性,尤其是新建教堂使用传统建筑形式的案例。10月接连有3篇文章讨论处于转型期的中国建筑现状,包括《外来风格建筑物的重要性》(查尔斯·甘恩, Charles A. Gunn)、《建筑师对所谓中国式建筑风格的争议》(贝加米尼, J. Van Wie Bergamini)、《现代建筑中的中国建筑》(沃尔特·泰勒[①],Walter Andrews Taylor)。其中深切关注墨菲的第三篇文章中,泰勒称“将外国建筑与中国建筑风格在现代建筑中结合的可能性和可取性,是今天在国际上讨论的最有趣和最合时宜的问题之一”。“从建筑史学生的角度来看,当下建筑学是一个新时期的开端”,有许多观点和判断还在形成之中。

泰勒对世界各地建筑“大众品味接纳异域风格”的案例研究表明,不要将“时髦跟风”误判为已经“明确的风格成型”。他列举了英国人对哥特式的喜爱,一再引入并流行了整个18世纪的“古典和意大利文艺复兴风格”孕育了折衷主义“明显的民族特征”;还有意大利的另一种现象,在那里,引入北欧哥特式元素的尝试,最终演绎为明显的意大利哥特式与意大利风情。因此,泰勒在提到墨菲时尖锐地指出,不要只关注中国建筑的一个特例,还有更多很丰富的其他选择。“宽檐重顶(大屋顶)不是中国建筑风格的精髓,紫禁城也不是唯一的先例。”不言而喻,“一种建筑风格不可能一夜之间,由任何一个人或任何一个设计流派创造,同样,任何一种风格都不能移植到不同的环境中……而不失去它的大部分特征”。

泰勒写到:“大多数中国商店和住宅仍然并将继续掌握在当地建筑工匠手中,这是一个不容忽视的、强大的传承力量,但就眼下而言,中国的建筑同正处于过渡、摸索阶段的宗教、教育和国民政府一样,突破现存的异质性困境后,将迎来新的风格。在充满传承和创造力的沃土中,中国建筑

---

① 泰勒(1899—?),美国建筑师。从事过绘图员、俄亥俄州立大学工程学院讲师与企业机械工程师工作。1923年,他前往北京的哈佛燕京大学中国研究学社(后定名:哈佛燕京学社,Harvard - Yenching Institute),1927年前一直在武昌为美国华人传教团工作。泰勒1929年获得哥伦比亚大学建筑学学士学位,后在纽约从事建筑设计,并在哥伦比亚大学(1930—1938)和雪城大学(1939—1946)教授建筑学。

不仅映射了现代和国外形式的影响,更非常明显地展现出精湛传统建筑的辉煌和成熟。这种情况的产生和发展,凌驾外国建筑师们的主观意愿。”针对中国建筑设计的倾向,泰勒建议传教士们应该采取中庸之道,即不能继续沿着西方“轨迹”,也不能陷入中国“套路”。

从1923年末金陵女大开学以及1924年传教士媒体对建筑问题的广泛报道来看,墨菲俨然是一位正在崛起的设计之星。通过南京、北京、上海、长沙、福州等地的实践,他的中国式建筑风格印记被树立起来。但除了客户和承建商外,教会圈子里的同行们似乎漠视墨菲的探索和成功,有关其作品的建筑学评论,无法匹配他在理性和美学上取得的胜利。《教务杂志》文章中,甘恩、贝加米尼和泰勒都没有提到墨菲才是一直将本土建筑传统应用于教会筹建项目的执行者、倡导者,而且他大部分作品与这些美国建筑师所表达的思想显然是相似的。甘恩眼中的墨菲只是为教会工作的一位“商业建筑师”,贝加米尼也仅选用了他的一个适应性建筑案例,而泰勒则认为他游走中间路线,是不纯粹的建筑师。

在与何士互怼的5年后,金陵女大的开幕式虽然称得上为墨菲赢得了一些好评和关注,但是复杂性仍然存在。由于茂旦洋行设在上海而靠近南京,对金陵女大的施工,他无论是亲自还是间接监督都非常仔细,有效解决了审美理想与实际施工之间的矛盾和问题。燕京大学是同时开展的规模更大的一个校园工程,监管人并非按以往常例由事务所员工担任,墨菲由于事务所合伙人改变等原因而常居美国,无法严密掌控建造过程中出现的很多现场实际问题。最初,燕京大学方案只是一个选址未定的中轴两厢“百搭”布局(图25),轴线终点特意增加了一座塔;1920年12月确定大体选址、并入华北协和女子大学后,调整方案才开始关注场地的景观特征。1921年1月底,墨菲新组建的事务所接手进入全新阶段的规划任务,并推荐翟伯(John McGregor Gibb)负责一期基建,在两人琐碎的摩擦中,建成神学院的宁德楼和两组男生宿舍、女校的讲堂和食堂等。1924年1月,墨菲重掌话语权,因为一期耗资过大,后续建设有较大调整,削减了“严整对称的建筑图景”,但多了些灵动的中国园林韵味,未名湖和博雅塔就此而成。1926年,燕京大学校园建设在群策群力和争论妥协中接近了尾声。它注定的“轨迹”与“套路”,在一系列变故下,曾让墨菲陷入了困

图25 燕京大学鸟瞰初稿规划鸟瞰图(1920)

境。美丽如画的中式校园比评论更有说服力,“来访者无不称赞燕京是世界最美丽的校园……比梦想更美好了”[①]。

2. 适应性建筑传统复兴

1920年代趋于成熟并席卷全球的国际风格建筑(International Architecture)对当时的中国人来说,并非像欧美那样表现出形式与空间的鲜明矛盾和对立[②],在被输入的文化中,现代建筑只是一种比新古典主义建筑更时髦的新式样而已。当大部分外国建筑师和中国第一代海归建筑师延续西方新古典主义风格时,有些建筑师则在考虑如何能够体现中国本土建筑的魅力,所有的在地性研究探索、设计及营造都是为了维护中国传统“语汇”或“语境”。东西方空间美学的鸿沟从初始就隐喻了“批判性地域主义”(Critical Regionalism)的端倪,“所有古代或现代文化的内

① 司徒雷登著,程宗家译,刘雪芬校:《在华五十年:司徒雷登回忆录》,北京出版社,1982年版,第52页。

② 现代主义建筑思想下,新的建筑美学原则强调表现手法和建造手段的统一,建筑形式和内部空间的配合,理性逻辑与灵活构图的均衡,简洁手法和几何型体的处理;在建筑艺术中吸取视觉艺术的新成果,坚决摆脱过时的建筑样式的束缚,放手创造新的建筑风格。

在发展，似乎均建基于与其他文化的互相交流。地域性或民族性文化，尤其在现今，都必须最终被视为全球文化的地域性化身”[①]。

而当时，墨菲与同行们、后继者们却不仅仅这么看，他们将这种做到“真正意义上的中体西用”的建筑风格统称为“传统复兴式”。墨菲类比文艺复兴(Renaissance)来阐述自己的创作宗旨，他在《中国建筑的文艺复兴——在近代公共建筑中使用过去的伟大式样》(1928)一文中写道：“有可能发展出一套有效方法来解决古典建筑再现的问题。首先，必须厘清古代优秀的公共或半公共建筑中的中国建筑元素；其次，必须确定在进行的建筑建造过程中，保存这些样本的显著特征。”

墨菲显然希望将逐渐“消逝”的传统建筑“复兴”，并从单纯的形式模仿，到开始强调解析元素、整合消化和合理应用的方向转变。他面临的枷锁不是15世纪欧洲代表神权统治的象征，而是西方文化侵入中国后的垄断地位。但是，在全球化和中国国内社会格局之下，缺乏相契合的人文主义支撑，这种夙愿也只能是一时一事之举。1926年5月，墨菲在《中美工程师协会期刊》(Journal of the Association of Chinese & American Engineers)上发表的第一篇有影响力的论文《中国传统建筑之适应性变化(The Adaptation of Chinese Architecture)》，可能更适合作为他的创作总结。传统建筑艺术的保护和升华，应在建造过程中，结合现代材料和建造技术继承传统建筑，展现在当时社会发展条件下的魅力。

这种偏向于折衷主义风格的“适应性建筑”，从字面上可以将“Adaptation”解释为是对中国传统建筑的一种改良性继承。建筑外观的延续是基于“适应”现代功能要求的新事务，也是“适应”当代审美价值的新定义。

“适应性建筑”的语汇，来源于墨菲考察和探索中国传统建筑后，归纳的“五大要素”：

Curving, Up-turned Roofs——中国古典复兴建筑应保留特有的“反曲大屋顶”；

Orderliness of Arrangement——“有秩序的建筑排布”，如轴线关

① 著名英籍建筑历史学家法兰顿(Frampton)形容20世纪中叶开始盛行的“矛盾的议题”(Paradoxical Proposition)：“因为完全的地域文化其实并不存在，这种矛盾说明了维护地域性建筑或延续民族性建筑，不能与现代发展背道而驰，而是必须与全球发展相配合。”

系、紫禁城等封闭院落间的组织规律；

Frankness Construction——“明确的结构关系”，如斗拱和柱；

Gorgeous Color——“华丽的色彩”；

Massive Masonry Base——“厚重的基座石”，也有译为建筑各个构件和部分之间完美的比例关系[①]。

墨菲在设计实践中“适应性建筑”的具体应用，其一般模式和表现特征概述如下[②]：

1. 以清代的宫殿式歇山顶为最高形制等级，用于校园中心主体建筑构图；考虑功能因素，形制中位列第一的庑殿顶反而次之；硬山顶、攒尖顶和卷棚顶则灵活运用于附属建筑；

2. 用混凝土仿制中国古典建筑的斗拱，后竟成一时风尚；

3. 墙面处理的固定模式，即中国古典式红柱按西方比例关系进行有规律的排列；细部做法也同样类似，如中式窗间墙图案，西式浮雕手法等；

4. 摒弃了以往教会大学建筑主入口的抱厦处理方式，一般用西式的方框架来突出重点，再加上少量中国古典建筑装饰，平面不凸出，建筑的外轮廓与中国古典建筑平面一致；

5. 改变了以往教会大学建筑朴实简洁的外部造型，开始追求中国古典式的色彩装饰效果，大量地采用檐下彩画和雀替彩画，墙面的外装修也比较讲究；

6. 不论其构图方式的变化如何，凡调用的构图元素一律以中国官式建筑为蓝本；基本摒弃了圆拱和弧形的西方建筑特征，尽可能在外部形象上淡化西方建筑的显性特征。

“适应性建筑”成熟的设计模式和完美的造型效果，倡导了当时中国传统建筑艺术复兴的“宫殿化”趋向。在中国民族主义意识觉醒过程中，这种建筑新样式被视作中国固有形式，成为继承和弘扬传统文化的表象参照物。

---

① 傅朝卿：《中国古典样式新建筑》，台北南天书局，1994年版，第26页。

② 董黎：《西方教会与金陵大学的创建过程及建筑艺术》，《广州大学学报(社会科学版)》，2009年第11期。

3. 灵谷寺阵亡将士公墓

墨菲的作品中，芊芊学府里女大旧址的人气，哪比得上开放的灵谷公园。那是个皓首黄童皆晓的去处，无梁殿、灵谷塔，香飘广刹，气宿空廊。现如今伴生的玄奘院里①，顶骨舍利供奉，朝朝灯火长续。佛事昌隆的梵音下，功德掩住了往日的喧闹与荣耀、悲凉与肃穆。

南朝梁天监十三年(514)，灵谷寺始建，800多年后受敕封“天下第一禅林”，与大报恩寺、天界寺并为明初三大寺。寺毁于太平军兵火，重建后已不具威容。1929年国民政府为告慰北伐时期阵亡将士之灵，国民党中央执行委员会组建的公墓筹委会决定在即将竣工的中山陵陵区范围内，以灵谷寺旧址为墓址，对标华盛顿波托马克河边的阿灵顿国家公墓，兴建“中国阿灵顿”——国民革命军阵亡将士公墓。1929年9月，时任《首都计划》顾问的墨菲受邀承担设计任务②，他期望这会成为新南京城市建设阶段的良好发端，而且其区位正毗邻谋划中的中央政治区。

墓址与明孝陵东西拱卫中山陵，“而地点适在总理墓之左，地势宽坦，但使相度经营，兴工建筑，将来可与明孝陵东西对峙，鼎力而三，同为民众所崇拜”③。墨菲的设计构思是在沿袭灵谷寺原有格局④的基础上，将寺庙轴线与中国明清皇陵空间序列、西方几何形式空间构图相结合，营造以山门、牌坊、祭堂、第一公墓、纪念馆和纪念塔等构成的长约800米的南北中轴，以及第二公墓和第三公墓对称分列祭堂两侧的东西辅轴。(图26、图27)

---

① 在现今灵谷寺庭院东侧。新灵谷寺为同治六年(1867)所建龙神庙旧址，迁寺后，到1973年开始逐渐壮大和扩建。

② 1930年又聘请刘梦锡为监工工程师，梁鼎铭为艺术专员。

③ (民国)总理陵园管理委员会编：《总理陵园管理委员会报告》，南京出版社，2008年版。

④ 据杭州府学教授徐一夔“奉敕撰灵谷寺碑”中记载，寺院布局“中作大殿，殿之前东为大悲(殿)，殿之西为藏经(殿)，食堂在东，库院附焉，禅堂在西，方丈近焉”。而大殿之后则为“演法堂”。

图26　灵谷寺·革命纪念塔(明信片)

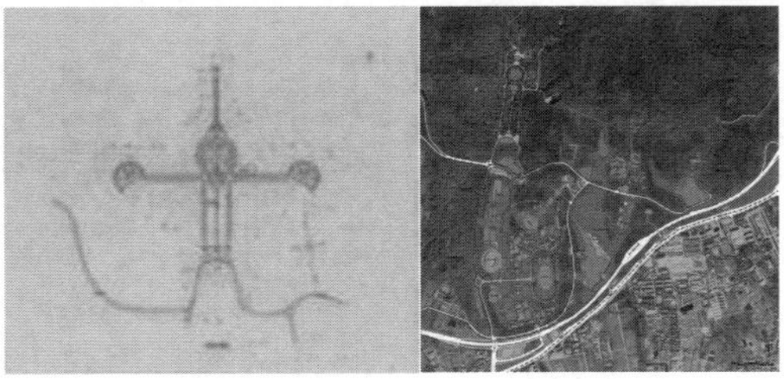

图27　阵亡将士公墓俯瞰图

筹委会先后17次开会论证方案，直到1931年3月初才获通过。随后，蒋介石现场办公听取汇报、审阅公墓设计图样并进行实地查勘，途中还着重校核了墓地布置与起伏地势的场地关系。经此审定后，公墓方正式开工。从谋划到建成，正值中原大战（1930年5—10月）和五次“围剿”时期（1930年12月—1934年10月），历经“一·二八”淞沪抗战（1932年1—3月）和长城抗战（1933年3—5月）。

墓前神道通往的陵寝区，延续明灵谷寺的金刚殿、天王殿、无量殿、五方殿三进格局。

公墓正门保留原“红山门”，为金刚殿旧址，此殿毁于清初战火，光绪年间重建为寺院山门，歇山屋顶覆绿色琉璃瓦。改为墓门时，仅将左右筑红色墙垣，增辟洞口呈三拱门，上额题蒋介石书“国民革命烈士之祠”（后改钱松嵒书“灵谷胜境”，图28）。

图28　正门“红山门”

国民革命军阵亡将士牌坊立于天王殿旧址，门额上横镌张静江题写的“大仁大义”（正）和“救国救民”（反）字样。旧殿兵毁后，曾国藩草草督建的大雄宝殿在建造公墓时拆除，新建牌坊位于42层石阶之上，敞开了山门与祭堂之间的联系。建筑形制仿照明十三陵、清东陵等陵前石牌坊，五间六柱十一楼规格，三跳斗拱；结构采用钢筋混凝土，外饰金山石；顶檐覆绿色琉璃瓦，更衬于山林环境，四角起翘并安有水泥脊兽。牌坊台基面总宽32.7米、进深16.6米、高10米，比明十三陵石牌坊矮6米，高宽比由1:2.19缩小到1:3.27，更适宜仰视角度和人的尺度。40年后，国民党在台北兴建了第二个同规格、形制的中正纪念堂牌楼——“大中至正门”，其形式上将山门拱券与牌坊、庑殿顶组合，规模上尺度扩倍、比例照旧。(图29)终因霸气外溢而招人觊觎，改牌匾为自由广场，去化和淡化都让后人言叹。

图29　从左至右分别为：明十三陵石牌坊、国军阵亡将士牌坊、大中至正门

祭堂为墓前享殿，定名为“正气堂”，由洪武年间敕建的无量殿改造而成，砖石拱券结构，无梁，是中国建筑史上建成最早、规模最大的一座“无梁殿”。修复和设计工作同样与董大酉合作，也是墨菲在华唯一的文物建筑保护项目。殿身为厚重的多券砖拱组合穿插，殿顶改为钢筋混凝土结构。外观上则沿袭仿木结构形式，殿内正北面砌有三个拱形法圈，分别内嵌黑框石碑，四周内壁嵌入110块太湖青石阵亡将士名录碑刻[①]，空间阴沉凝重，殿堂变墓室，风水阳转阴。(图30、图31)无梁殿后是阵亡将士第一公墓(“文革”期间改建为花坛草坪)，原五方殿的旧址，连同东西各约300米处布置的第二公墓(1957年改建为邓演达墓)、第三公墓(废)，与神道序列共同构成一个拉丁十字。三个公墓形式面积相近，均为向日葵形状，内辟网状小路分列出大、中、小各式墓穴，合计1029座。

① 名单共计1926—1933年间阵亡的33224名将士。法圈内原刻张静江题写“国民革命军阵亡将士之灵位”(中)、蒋介石书写的《北伐誓师词》(西)和陈果夫书写的《中国国民党中央执行委员会祭文》(东)，1949年后被磨平，1981年整修时改刻为“国民革命烈士之灵位”、《中华民国国歌》和《国父遗嘱》。

图30　无梁殿

图31　无梁殿室内

墓区之北便是展览纪念区。“革命纪念馆”（蒋介石题写馆名，1949年后更名为松风阁）接于第一公墓花瓣形圈墙北边，依山而建，原为明代灵谷寺律堂旧址，清代曾重建为观音殿。楼阁共两层，朱柱环绕、青色琉璃瓦披檐，用作陈列阵亡将士遗物或举办展览。建筑功能与教育建筑、医疗建筑的要求相比要随性些，场所氛围塑造和文脉情怀指代反而更重要，因此墨菲更倾向于完美的古典主义呈现，并选择了重檐庑殿顶建筑的类型。（图32）设计中“适应性建筑”应用的着力点主要体现在整体设计观感与合理结构做法的追求，由于缺乏对中国传统建筑系统性的梳理和参考，从体量规格到大小木作，建筑各部分均与传统形制有根本性差异之处。所以说，纪念馆是一个基于实物考察、符合传统美学，且认真严谨创作的臆造品，也是墨菲对中国传统木构建筑再现贡献的一种切实可行的探索。

图32　松风阁

南北轴线的端点便是国民革命军阵亡将士纪念塔（1949年后更名为灵谷塔），将总平面构图拉伸成规则的等臂“十”字形。新塔让筹委会对尚存的宝公塔去留感到郁结，本想修缮保留，但与建成后公墓格局、气氛终不相宜,只得再行迁徙[①]。墨菲设计的纪念塔高200英尺(约60米),九层八面,门扇四隐四现,顶檐覆绿色琉璃瓦;底层直径14米,向上收分至顶层9米,钢筋混凝土结构,外饰金山石。(图33、图34)墨菲在项目建成后的一次讲座中说到,他对设计一座传世石塔感到非常激动:“我的设计……体现了多年以来一直在脑海中逐渐成型的最美中国佛塔的思考,我非常渴望继续这项工作。”或许早在1915年巴拿马万国博览会上,墨菲就折服于展出的通州燃灯佛舍利塔模型,并把这座密檐塔设计在燕京大学。他笃信高耸的如同中世纪塔楼的佛塔是“中国建筑最纯粹的象征和中国园林最独特的人文景观”[②]。可惜燕大校园里的只是水塔形式,不可登临眺望,而灵谷塔参照南京大报恩寺塔原型,虽牵就结构稳定性,采用非主流的正中旋型扶梯直上九层的心柱[③]作法,但终算达成了他的夙愿。

图33　灵谷塔

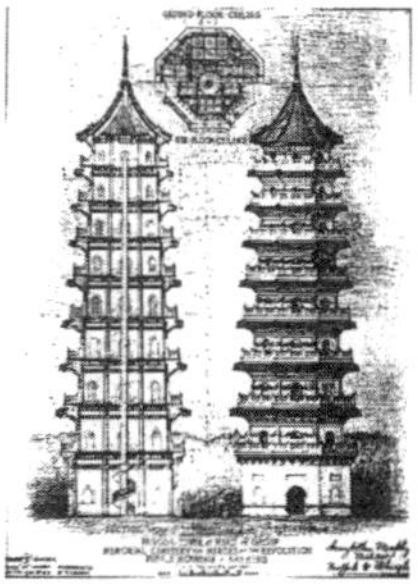
图34　国军阵亡将士纪念塔平、立、剖面图

所有设计工作董大酉都全程参与。1930年董大酉建筑事务所成立,纪念塔基础及建筑结构详图和纪念馆便以事务所的名义与墨菲合作设计。承建商是刚结束中山陵第三部工程的陶馥记营造厂(图35),总决算

① 宝公塔是梁代名僧宝志的墓塔,高五级,可登览,王安石等曾作诗词传咏。宝志和尚为济公传说原型,与梁武帝交往甚多,塔前三绝碑原刻有吴道子绘宝志像和李白作、颜真卿书像赞。明初建孝陵时随寺迁徙,置于寺律堂(革命纪念馆位置)后。1934年11月再行迁徙,在现址无梁殿西侧建志公殿,宝公塔1937年动工,因抗战于1941年由汪伪政府募资完工。“文革”时期被毁,1981年复建。

② 在西方史学中,以詹姆斯·弗格森(James Fergusson)编《印度和东方建筑史》(*Historyof Indian and Eastern Architecture*)(1900)为代表,将天坛、佛寺、佛塔等宗教建筑视为中国建筑最典型代表。

③ 中国早期的木塔内多设有中心柱或起中心柱作用的结构,后多为沿塔的外壁盘旋而上。心柱则在日本和韩国延续下来。

造价92万银元[①]，其主要单项中纪念塔造价35.5万、纪念馆造价21.5万、无梁殿整修12万。公墓落成后，各地大佬和军政要员赠铜狮、石狮、汉白玉貔貅、石鼎、铜鼎、铜香炉、银鼎和石罄、银盾、银花圈等[②]以充当石像生和仪仗。1935年11月20日，蒋介石主持首次万人公祭，此时墨菲已经离开了中国，此后再也没有回来。1949年3月29日，渡江战役前李宗仁主持了最后一次春祭；再后来，随着新建不久的戴笠墓及第七十四军孟良崮战役的纪念碑拆除，阵亡将士公墓渐渐淡出公众视野。

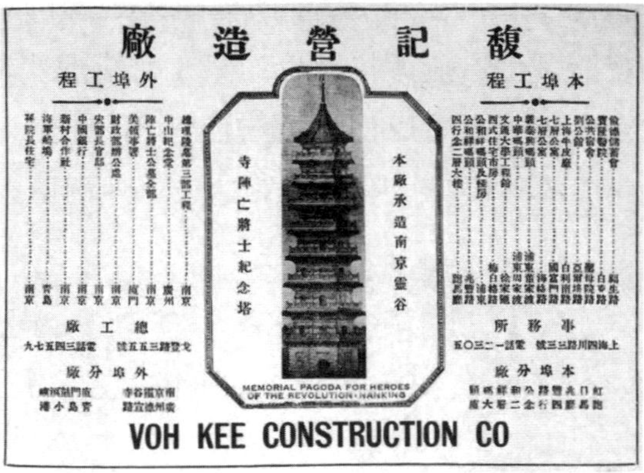

图35　馥记营造厂广告

4. 公司内部的重组调整

1920年春到同年冬，墨菲返回美国，与共事长达12年的合伙人丹纳分道扬镳。这场动荡早有迹象，有可能是因为设计管理的人为因素，也有可能是二人对中国业务存在不可调和的观念差异。4年后公司的再一次变动，也许还是必然。

1919年春，随着远东业务的前景持续看好，公司的不断扩张，使纽约

① 1933年正式废两改元，而1929年起世界经济危机使银价跌势迅猛，国内农工业受损；1933年后，美国白银政策导致国内币值大升、银根奇紧，物价猛跌使工商企业倒闭，挤兑使钱庄银行倒闭，且农村金融枯竭。1935年国民政府正式实行法币，废除银本位制。建设期间1美元兑银元参考值在2.31—2.85圆。

② 现仅留存的石鼎为杨虎城赠、石狮为军委会北平分会赠，汉白玉貔貅疑是徐庭瑶以第十七军名义赠。

总部的压力增加到了一个极限值。墨菲回去后的头一个月内，就面临着如何更好地调整他和丹纳的业务配合问题。从财务角度看，1920年，南京和北京两所大学的本阶段费用合计为40万美元，中国其他项目合计为47.5万美元。前者是实现作品的费用，后者是商业收益，如花旗银行项目提前预支的现金流、大来轮船公司(Robert Dollar Company)办公楼有较高费用。墨菲希望在利润分配上向金陵女大项目倾斜，因为至少部分工作是在中国完成，而不是纽约总部。

曾参加金陵女子大学、燕京大学和蕙兰中学等项目的韩林[①]，作为事务所的主力之一，其观点反映了当时的设计管理与组织。他认为墨菲和丹纳正处于两种公司发展模式的十字路口：一个是"生产型"的；另一个是大家喜欢的"专业型"，激励员工的创造力。他告诉墨菲，事务所的特点是"非常愉快的合作精神"和"强烈的认同感"。但改进是必要的，以提高员工能力和效率为目标，设计师应"从建筑的角度而不是从绘画的角度"，了解"尽可能多的详情"和"客户的特点"，"必须以一种不使事务所陷入机器般的工作方式来追求经济"。1919年时，韩林对纽约设计部的创造力匮乏表示担忧，同时又对墨菲和丹纳掌控职员的方式感到惊讶，然而次年，上海分公司问题暴露。韩林的建议有没有效果不知道，但墨菲回到中国的计划中，同行人增加了高级建筑师马起和绘图员肯特·克莱恩(Kent Crane)，显示出公司对远东项目的重视。

动荡的直接导火索是福赛斯，他曾是墨菲最信任的同事、分公司经理。他和弗朗西斯·伯恩特(Francis Berndt)联手的"狭隘专横"，严重地破坏了上海全体职员的团队精神，"工作无精打采"，分公司"毫无制度可言"，任务安排半途更替、全无计划。福赛斯在上海的第一年就变得负担过重，妻子的到来，起初使他的情绪有所缓解，但渐渐地，他觉得"压力山大"而"总是闷闷不乐，情绪低落，很容易被激怒"。他似乎"除了自己

---

① Talbot F. Hamlin(1889—1956)，今译为托伯特·哈姆林。1914年哥伦比亚大学建筑学院毕业后，进入墨菲和丹纳建筑事务所，1930年独立开业。他的学术生涯始于1916年被任命为哥伦比亚大学建筑学院建筑历史与理论的兼职讲师，1934年担任学校艾利建筑与美术图书馆馆长，曾经获得普利策传记奖。他还编辑了4卷本的《二十世纪建筑的形式和功能》(1952)，其中部分于1982年由邹德侬译为《建筑形式美的原则》出版，此书成为中国学生学习现代建筑理论的经典基础类书籍。

的观点外，什么都不能接受”，这几乎激怒了整个设计部，除了把福赛斯作为他上位的敲门砖的伯恩特。

1919年10月，墨菲一到上海就和福赛斯商量招人事宜。到1920年初，又雇用了6名绘图员，由马起负责新员工培训，为即将举行的重要会议和商业项目开展做好了准备。福赛斯因妻子回国而提出要求，要么辞职，要么成为初级合伙人，墨菲让步了。但情况开始恶化，之前，事务所的设计师施罗克(M. Schrock，先前曾为何士工作)和秘书已经辞职；1920年3月，另一位中国的绘图员周氏提交辞呈，虽然他称墨菲为“最好的雇主”；接着，丹纳电告墨菲，请他1920年4月下旬，途经欧洲回美国之前返回上海，克莱恩向总部报告了分公司的问题，但墨菲只发了电报，伯恩特回复“一切正常”；1920年5月，福赛斯突然解雇了春季刚由纽约总部派来担任“外部主管”的本特(S. S. Bent)，本特的设计被一如既往地打乱，他几周内就“对自己的工作越来越失去兴趣”；1920年7月，马起、韩林和丹纳都和本特谈了话，然后他们收到福赛斯的来信，信中说要解雇克莱恩——墨菲认可的公司最优秀设计师之一；1920年秋，福赛斯还高薪聘用他的朋友布莱尔利(Brierly)，一个对建筑一无所知的人，监督设计部的工作。

福赛斯的行为太诡异，以至于他“真的需要休养治疗”，因为事务所在中国的前途“受到严重威胁”。纽约和上海的情况让正在度假旅行的墨菲非常尴尬，丹纳告知他不必太匆忙，但希望“尽可能早些，以便我们可以深入地讨论东方问题”，并表示大家虽然受到福赛斯事件的严重困扰，但更对墨菲带来的厦门和马尼拉[①]新项目非常感兴趣。当墨菲赶回美国后，又发生了戏剧性变化，合伙人不仅决定解雇福赛斯，还重新评估了对中国事务的参与情况。所谓的“东方问题”，关键在于丹纳，他也像福赛斯一样已经受够了跨国业务。12月，他决定退出。

福赛斯也于12月被召回纽约签署解职协议，墨菲此时又在去上海的路上，在那个忙碌的秋天和初冬，墨菲选择了让哈沙德(Elliott Hazzard)年初抵达中国负责分公司工作，并邀请1908年起就跟随卡斯·吉尔伯特[②]工作

---

① 指厦门大学和马尼拉的基督教青年会项目。

② 卡斯·吉尔伯特(Cass Gilbert)，1913—1929年间的“世界第一摩天楼”——伍尔沃斯(Woolworth)大楼的建筑设计师。

的绘图员费力伯(Edward S.J. Phillips)入职。在一系列扫尾和人事调整后,1921年初,墨菲迅速稳定并恢复正常工作,在途项目基本顺利交接到新成立的墨菲/马起和韩林建筑事务所,除了燕京大学有些麻烦。同年夏季,吕彦直也被派回到中国。

然而,福无双至,1922年春天,马起在纽约与燕京大学校方继续磋商,韩林正为他的首次中国之行做准备。当墨菲心情忐忑地想确认哈沙德的管理能力时,他的首席中国绘图员之一吕彦直辞职。吕彦直也同样称赞了墨菲,但坦言上海分公司的不友好气氛是他接受两名实习建筑师(过养默、黄锡霖)邀请的主要原因。他的离开预示着哈沙德掌舵墨菲/马起和韩林建筑事务所上海分公司的坎坷跌宕。

正如在1920年末的业务良好状况一样,1924年初,墨菲的"适应性建筑"开始受到更广泛的关注,业务范围有可能扩展得更大。但马起和韩林决定退出了,也许如他们表达的,更倾向于只专注美国教会项目的做法;也许是暗藏的,对中美两地之间货币汇率和财务结算会计制度的不明,夹杂着应付账款和应收账款的平衡、总部与分部间借项和贷项的往来,这一系列复杂性财务问题彻底让两位新出道的建筑师合伙人懵了。他们只能祝愿他们的资深同事一切顺利,将纽约总部迁至位于公园大道(Park Avenue)、第42街旁,新建成的潘兴广场大楼(Pershing Square Building)由费力伯接手工作,上海分公司关闭。哈沙德在上海独立开业,几年后,费力伯也去了哈沙德洋行。

墨菲又成了"孤家寡人",他与埃塞尔·麦克林·安德鲁斯(Ethel Mclean Andrews)的第二次婚姻,也几乎和第二次合伙人事务所一样,同时开始和离散。墨菲设计团队的规模缩减,制约了他后来的业务发展以及最终成就。他逐渐将项目交接给以前的属下,开始更多地以顾问身份进行工作。

1926年春天,墨菲第六次来到中国。他于4月15日抵达北京后仍然停留了一个月,但觉得别扭和不习惯。这是他第一次感到孤独的大学之旅,如同十几年前那个曾湮没在紫禁城中的年轻人。

5. 中国实践的建筑业绩

墨菲及其事务所在中国的建筑业绩大致分为三类：教会大学校园规划和建筑设计、其他校园和纪念馆等公共建筑、银行和办公楼等商业建筑。

表1 墨菲在华主要建筑作品一览表(1913—1935)[①]

工程名称	设计期	委托方及负责人	参与中方设计师	备注
(长沙)雅礼大学	1913—1916	美国雅礼会，胡美、严福庆	无	应委托要求“中国式”设计，首次实践“中国古典复兴”风格
(北京)清华学校校园扩建	1914	清华留美预备学校，周诒春	庄俊	与校长周诒春讨论后，采用“西式”建筑风格
(上海)圣玛利亚女校组群建筑	1915			双方人员材料不详
(杭州)蕙兰中学 (宁波)浸会中学	1917—1919			双方人员材料不详
苏州医院	1917			
花旗银行北京、天津、汉口分行	1917—1919	美国花旗银行		延用美国花旗银行总部的折衷主义风格
(上海)私立复旦大学	1918—1919	校董事会，李登辉		应委托再试“传统复兴式”；1920年建简公堂、奕柱堂(中间部分)，1921年建登辉堂；1923年建子彬院和学生宿舍
(苏州)东吴大学	1918			双方人员材料不详
(福州)福建协和大学	1919	校董事会		与何士竞争获得设计权，校方决策采用带有中式风格的建筑形式
(南京)金陵女子大学	1919—1920	校董事会，德本康夫人	吕彦直	代表作，校方要求建筑不超过两层、且有中国式大屋顶

① 部分参考方雪：《墨菲在近代中国的建筑活动》，清华大学建筑学院2010年硕士学位论文。

续表

工程名称	设计期	委托方及负责人	参与中方设计师	备注
(北京)燕京大学	1919—1923	校董事会,司徒雷登	吕彦直、李锦沛	代表作,设计几经变更,与"燕大建筑委员会"代表霍伯存在合作嫌隙
(上海)沪江大学	1919			双方人员材料不详
上海花旗银行改造	1920	美国花旗银行		内部平面布局与北京花旗分行相似
(上海)大来大楼	1920	大来轮船公司		钢筋混凝土结构,外墙花岗岩饰面,早期现代派风格。
(上海)美童公学	1920—1922			双方人员材料不详
(厦门)厦门大学群贤楼群①方案	1921—1923	陈嘉庚	陈嘉庚	陈嘉庚嫌工程造价估算高,主张就地取材使用花岗岩,并自行修改设计、购料、雇工施工建设
(广州)岭南大学扩建项目三栋建筑	1928—1930	校董事会,钟荣光	黄玉瑜参与哲生堂设计	分别为陆祐堂、哲生堂、惺亭
(晋中)铭贤学校②方案	1929—1932	孔祥熙		完成三稿校园规划方案、亭兰图书馆和嘉桂科学馆建筑方案
(南京)国民革命军阵亡将士公墓	1929—1935	建筑阵亡将士公墓筹备委员会,蒋介石	董大西	参与《首都计划》期间设计;纪念塔仿照明代大报恩寺琉璃宝塔设计,馥记营造厂建造

此外,作为美国建筑界的"首席中国建筑权威",1930年10月墨菲在美国巡回讲演时,还由孔祥熙建议,受邀前往欧柏林,为拟建的"山西楼"选址并进行设计,此楼计划用作铭贤会托事会办公室及东方研究系馆。1932年设计完成草图,但因资金筹措齐备后,战时物资调拨限制等原因而搁置。③

① 群贤楼群为首期项目,主楼"群贤",两边各是"集美"与"同安",东西两端为"映雪""囊萤"。墨菲方案中,原本5座楼设计成"品"字型组合,陈嘉庚不赞同,把"品"字改为了"一"字形。

② 铭贤学校,现山西农业大学。1907年,由美国欧柏林学院募捐成立"铭贤社"(欧柏林山西纪念会 Oberlin Shansi Memorial Association),委托孔祥熙创办。欧柏林学院托事部和铭贤学校理事部共同协商处理学校事务。

③ 详见刘亦师:《墨菲研究补阙:以雅礼、铭贤二校为例》,《建筑学报》2017年第7期。

唯一建成的是1926年墨菲受迈阿密的一家公司(Coral Gables Corporation of Miami, Florida)邀请,设计位于佛罗里达州珊瑚阁市的一组八栋中国传统样式的住宅项目。在这个现已成为旅游景点的网页上,留下了美国人介绍他的只言片语:"中国村"共有8个家庭,住宅的设计者是亨利·墨菲。他是一个中国建筑方面的权威,曾经在中国设计过一些建筑。

6. 国家民族的愿景寄托

墨菲的规划实践始于广州,广州是国民政府定都南京前的中国民族主义运动中心。1922年4月,墨菲受"留美有年,夙专研各国市政"的孙科之邀前往拜访并受聘开始工作,在其三任广州市长期间编制城市规划方案。孙科曾在美国加利福尼亚州立大学和芝加哥大学研习市政、规划、政治与经济等课程,发表过中国近代以来较早论述城市规划的文章,其主持实施的广州市政改革与建设成为民国时期城市组织管理与城市建设的样板之一[①]。墨菲的城市设计方案于1927年3月获得批准。与此同时,美国土木工程师古力治[②](Ernest P. Goodrich)受聘监督、设计孙中山在《实业计划》篇里畅想的南方大港[③]港口建设。(图36)

重建(建设)是国民政府政治上的一个说法,孙中山《建国方略》中城市规划方面的论述源于田园城市理论(Garden Cities)的新城建设思

---

① 1919年,孙科在孙中山创办的《建设》杂志发表《都市规划论》中详述西方城市规划的历史与经验:"'都市规划'一语,本是英文之City Planning,为晚近欧美之言都市改良者之一新术语,亦即市政学之最理想的而最重要之一部。其功用在规划新都市之建设,或旧都市之改造,使都市一地真能符合希腊哲人亚理斯多德之旨,为'人类向高尚目的讨共同生活之地'。"1921年孙科出任市长之后,包括筑路浚渠、拓宽街道、建设公园、规划模范新村、筹建行政中枢等在内的市政建设全面铺开。

② 古力治(1874—1955),城市规划协会(1917年成立)的初始会员、美国交通工程协会(1930年成立)的第一任主席。密歇根大学毕业获土木工程学士学位,1907年起参与设计哥伦比亚波哥大港、智利瓦尔帕莱索港,以及美国洛杉矶、波特兰、纽瓦克、布鲁克林等地港口;曾是美国辛辛那提、诺福克、纽瓦克、斯普林菲尔德和纽黑文的城市规划顾问。他还是密歇根州师范学校足球队(现东密歇根大学老鹰队)的第三位主教练(1893赛季)。

③ 孙中山1918年的《中国建设新方略》(后改名《建国方略》)中的《实业计划》:"第三计划主要之点,为建设一南方大港,以完成国际发展计划篇首所称中国之三头等海港。吾人之南方大港,当然为广州。……新建之广州市,应跨有黄埔与佛山。"

图36 《建国方略图》

想[①]，强调港口和住宅建设，并在保护中国本土脉络的前提下实现西化。墨菲基于几个不同历史时期的城墙轮廓衍变确定出广州城市形态，并迎合了孙科的期望，采用与20世纪初华盛顿规划（也称麦克米兰计划）相似的“棋盘式”+“放射式”布局结构。鉴于对中国传统建筑艺术的膜拜，墨菲在应用城市美化运动的规划策略中，融入紫禁城等传统中轴对称的空间布局，并将20世纪初规划师青睐的巴洛克式林荫道，指代中国传统空间追求“宏大视野（long vista）”的基本原则。“像北京那样，整个城市会聚于一个壮丽的中央建筑群——市政中心，它们以中国式合院布局，有着庄严的反曲屋顶、檐柱和格窗。”

墨菲的作法是被认为符合“重建”中国的新城市概念，翻版华盛顿的规划也具有现代城市科学合理的部分。然而，随着地方军事集团的阻挠与政治格局的变动，广州城市规划的实施变得希望渺茫，对于墨菲而言，南京，一个更加雄心勃勃的规划可能性出现了。

1927年第一次北伐战争结束，1928年底东北易帜，全国完成“形式统

① 孙中山《中国建设新方略》云：“若以建一花园都市，加以悦目之林圃，真可谓理想之位置也……此所以利便其为工商业中心，又以供给美景以娱居人也。珠江北岸美丽之陵谷，可以经营之以为理想的避寒地，而高岭之巅又可利用之以为避暑地也。”

一”。局势稳定为国民政府即将迎来的建设发展提供了相对充分的政治环境。清末以来的政治格局和革命时局背景下，作为南方国民党势力与北洋保守势力形成对峙的中心地，南京是孙中山早在1911年提出并一直坚持认为的建都首选地，也是他创建的临时政府首都和陵寝所在地。国民政府由广州经武汉迁至南京，凭据“长江下游，当南北要冲，水陆交通方便”的地理优势，军事上有长江天堑和龙蟠虎踞的地形，经济上依托江浙财团并邻近上海口岸。

早在1926年春天，墨菲第六次来中国时就接到了准备编订南京城市规划的邀请。4月，他到达北京与燕京大学校方会面时，再次参访紫禁城，此刻的视角已从偏重建筑转向了城市研究，关注总体空间序列和聚落结构形态。这些心得体会将同样被借鉴于广州和南京的城市规划。5月10—15日，墨菲途经南京商谈新首都计划的事宜。当时南京尚未完全从战乱的严重破坏后恢复，直到两年后国际媒体的报导上，依然被描述成“只有前世荣耀的废墟存在，曾经矗立着的君王宫殿，如今不是风景如画的古迹，只是一堆瓦砾和碎裂的砖块”。国家与民族、城市与民生都憧憬着破茧成蝶，涅槃重生。6月中旬，墨菲前往广州与市政府交流广州规划最终成果的意见，然后从香港经横滨返回美国。

中国古代城市主要为集权制度的统治服务，城市建设特别是都城营造，极具尊卑威仪，《史记·儒林列传》中言明“故教化之行也，建首善自京师始，由内及外”。一国之都乃继承大统、国运昌隆的象征，1920年代末的国民党更担负着抗争近百年民族屈辱的使命。国民政府名义虽为中央，实际掌控的只有东南五省和山东一部，根基并不牢靠，为巩固中央之位，南京建设不但要“树全国政治之宏模”，还应“动友邦人士之观听”。作为改造整个国家的试验场，国民政府“复兴民族”“建构国家”的整体战略需要一个新兴的、现代的“展示窗口”，建设一座在物质和精神上都足以令人称道的首都，一座中国最好乃至世界领先的城市，向世界宣示一个“新中国”的崛起，以此获得更多的国际认同并在国内竞争中立于坚实地位。

而两次大战前后，世界各国盛行竞争而非合作的社会达尔文主义和民族主义，为强调国家政权和民族存在，国都的设计被置于一种异乎寻常的地位，产生了始于19世纪晚期的“国际仪式竞争(International Ceremonial Rivalry)”。华盛顿规划是继19世纪中叶巴黎改建计划后的又一经典，城市美化运动的核心人物伯纳姆[①]强调，规则、几何、古典和唯美主义是城市设计的基本原则，城市的规整化和形象设计更是改善城市物质环境和提高社会秩序及道德水平的主要途径。1911年始，英属殖民地开展的堪培拉和新德里首都建设都极为相似或受其影响(图37)，1930年代后德意法西斯也紧跟其上，柏林被定位为一个完全几何化、具有纪念性布局的千年帝国(Thousand-Year Reich)首都，主轴线上用石头拼出“德国政治、军事和经济之实力”(图38)；罗马应具有宏伟、规整、强大的城市形象，中心区拆除新建筑、开辟大广场，重现昔日罗马帝国时代的荣耀[②](图39)。因列强皆如此，南京国民政府的欧美系自然也就把城市美化运动的宗旨奉为金科玉律，实施具有国际化色彩的民族主义城市规划。

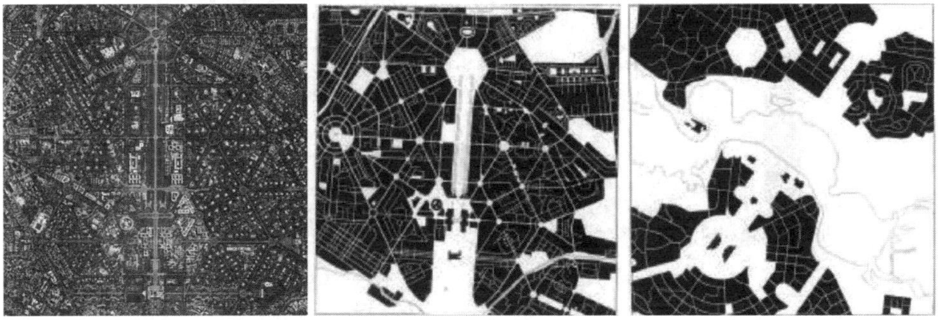

图37　从左至右为：新德里影像图、新德里城市肌理、堪培拉城市肌理

其实，城市美化运动在美国由于实施效果与目标相去甚远而备受批评，到1940年代后才开始褒贬不一。美国城市规划权威刘易斯·芒福德(Lewis Mumford,1920's)、著名城市规划理论学者兼社会活动家简·雅各布斯

① 丹尼尔·伯纳姆(Daniel H.Burnaham,1846—1912)，美国著名建筑师、城市规划师，20世纪早期“城市美化运动”的领导者，曾担任美国现代城市规划的起源——芝加哥规划的主创作者，还主持编制了华盛顿、克利夫兰、圣弗朗西斯科、马尼拉的城市规划。

② 1936—1937年，希特勒及首席建筑师阿尔伯特·斯佩尔(Albert Speer，纳粹权力核心中唯一逃脱死刑者)设想的柏林规划中，有一条7公里长南北大道连接希特勒手绘方案(1926年草图)的凯旋门和穹顶大会堂，遵循伯纳姆“不做小规划”的宗旨，庆典轴线、集会区域、大厦高塔等凸显表达“新的秩序”，“要让每个德国人都恢复自我尊敬”。1929年，墨索里尼号召“在五年时间里，罗马必须向全世界人展现其辉煌与风采——宏伟、规整、强大，如同奥古斯都时代的罗马……你们将围绕马塞勒斯剧院、卡皮托山和万神庙创造一个巨大空间。在它们周围几个腐败世纪新建的一切东西必须消失”。1938年开始启动EUR新区规划建设。显然，这些宏伟的规划都因为昂贵代价和战争局势的原因被中止和搁置。

a.柏林城市规划模型　　b.柏林主轴规划总平面

图38

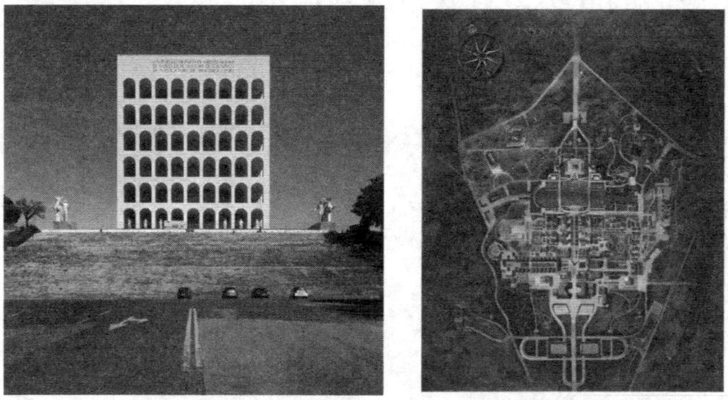

a.意大利文化宫　　b.罗马EUR区规划

图39

(Jane Jacobs,1960's)、国际城市与区域规划大师彼得·霍尔编辑(Peter Hall,1980's)都曾指出过其局限性和不足。但这些不足之处几乎没有影响到南京规划的决策,国民政府对城市发展有极为乐观的殷切期待,特意选择建筑师背景的墨菲来主持规划,意图达到“必求完备、必求壮丽”的效果,“方足以表现革命建设的精神”。膨胀者认为未来的繁盛“一定比各国的首都有过之而无不及”,养晦者觉得“虽然不敢有模仿巴黎柏林的奢望,但至少总要能和我们东方岛国的东京相仿”。权贵阶层都需要一个壮丽而有秩序、“先进”而且可作为标杆的典范空间来寓意中央集权的不可动摇。首都规划和总理陵园修建一样,既是复杂浩繁的技术工程,更是庄严神圣的政治任务。

四、《首都计划》的始末（1927—1935）

1920年代，墨菲扩大了从校园到城市的业务范围。显然，当时学者们更加重视农村的建设工作，而不是城市化。1928年国民党宣告中国统一，随即在首都南京展开的浩大工程，是继明成祖朱棣15世纪初改建北京之后500多年间，中国首都的又一次大规模规划建设。其中代表性规划文本《首都计划》，于1929年底汇集成册。它折射出始于20世纪初西方现代城市规划思潮的形形色色，还牵扯了一场规模同样可观的技术与政治之争，见证中国在那个动荡年代里的光荣与梦想。

1. 专家团成员和共事者

1927年10月，墨菲与孙科在纽约会面，研讨南京《首都计划》工作，正式开启两人之间的第二次紧密合作。民国进入训政时期，训政即教育国民在被赋予民权之前学会做合格的公民，同时发展经济并进行社会建设，"训政肇端，首重建设，矧在首都，四方是则"。以党治国的训政建国计划，又把领导全国人民进行政治经济建设与推动首都南京集中建设相提并论。

然而，南京政府的政治生态诡谲，国民党以东南五省之地，谨慎而艰难地领导和控制着全国革命，内部则是汪精卫、胡汉民同取得绝对权威的蒋介石互掐。1928年1月国民政府重组，孙科失势而拒不受命没有实权的建设部长职位，随胡汉民、伍朝枢赴英、德等地考察，顺带争取包括防洪工程、港口改造和新南京城市建设在内的"内战期间，艰巨的重建计划所需要的经费"。此时墨菲还未入蒋介石"法眼"，首都建设又是各翼人士施政之地，为争取话语权，短短半年间，数种规划建设组织方式先后被提出

(表4-1),最终由蒋系曲折获得主导。从提议的人员构成和执行程序上,隐射出派系间掣肘和博弈的关系,这也成为后来规划编制和建设过程中,方案修改调整背后的角逐之源。

表4-1 《首都计划》规划组织架构提案一览表(1928)

机构名称	规划首都图案委员会	建设首都委员会	国都设计技术专员办事处	首都建设委员会
提案时间	1928年7月	1928年8月	1928年11月	1928年12月
提案人士	南京市长何民魂 (亲桂系)	建设委员会 (主席张静江)	胡汉民、戴季陶	张静江、蔡元培
机构隶属	直属南京市政府	直属建设委员会	直属国民政府,1929年10月改隶首都建设委员会至年底结束	直属国民政府
主持人员	南京市政府 委员:韦以黻、周象贤、吕彦直、庄俊、范文照、董修甲、夏光宇、杨孝述、陈扬杰	主席:蒋介石 常务委员:张静江、吴稚晖、刘纪文、李宗黄(保定系将领)、李宗侃(现东南大学中大院设计者)、薛笃弼(冯系) 成员:庄秉权等	负责人:孙科 主任:林逸民 顾问:墨菲、古力治 成员:陈均沛、黄玉瑜等	主席:蒋介石 常务委员:赵戴文、孔祥熙、宋子文、孙科、刘纪文(兼秘书长) 委员:胡汉民、戴季陶等 顾问:舒巴德 成员:董修甲等
后续执行	1928年8月刘纪文恢复市长职位后,逐渐归入首都建设委员会	1928年9月成立,后转为首都建设委员会	1928年11月批准,12月正式运作	1929年1月公布组织条例,6月正式运作;1933年底结束
规划成果	工务局《首都大计划》(1928年10月第三稿) 吕彦直遗稿《规划首都都市区图案大纲草案》		《首都计划》	1930—1937年制订《首都计划的调整计划》

延至二次北伐胜利后,孙科就势回国,出任国民政府委员、考试院副院长、行政院铁道部部长和交通大学校长,《首都计划》的工作方案又提上日程。12月,提议组建国民政府首都建设委员会,由孙科"督同组织"国都规划事宜;同时,下设"国都设计技术专员办事处"正式运作。国民政府"为了学习和借鉴欧美的城市规划经验",以"用材于外"的原则聘请墨菲为《首都计划》首席顾问,1929年农历新年后的3月正式签约,同年12月终

止合同。

《首都计划》召集的工作团队负责人是清一色的广州规划老班底，中方成员也几乎都在美国大学接受过专业教育与训练。

墨菲的美籍专家团共有成员4名，他作为首席，在城市规划领域的经验主要表现于形式美学和空间组织，以及部分的城市艺术(Civic Art)，与现代美国城市规划的主流理念并不一致，但在中国精英阶层的影响力和认同度较大，是成功进入高层视野的幕僚建筑师。墨菲聘请的搭档古力治则是美国城市规划和工程设计领域的先驱，除了擅长港口设计外，还有参与社区调查、研究城市管理和编制基础设施专项规划的业绩，学术上倾向实用主义的空间效率理论。此次古力治的使命同样是制订港口(浦口港)与交通规划并协助墨菲工作，他还聘用了募罗上校(Irving C. Moller)和梅克超(Theodore T. McCroske)，帮助解决制图和工程问题。墨菲和古力治两位大咖在广州亦有合作，专业领域互有所长，学术方向各有利弊。尽管因为本土出镜率的差别，古力治常会得到外媒夸大的赞扬，但他承认墨菲其实更掌控整个规划工作。专家团所有的薪资经费，含广州黄埔港设计工程顾问工作，上报预算为30万元，也足以让今天的设计同道惊羡。

墨菲辖下国都设计技术专员办事处中，主任林逸民[①]1921年在普渡大学深造获工程学士学位，曾出任孙科执掌的广州市工务局局长，负责城建事宜。1927年卸任后再赴欧美考察都市建设事业，并在哈佛大学研究城市规划，至1928年回国后，参与首都南京规划。他与孙科私交甚好，被任命为主要负责项目组织牵头和汇总协调工作，“为国人之襄其事者”。孙科评价规划编制过程中，“其间去取损益，又以林君之力独多”。办事处的两名工程和建筑助理，技士陈均沛是清华学校津贴生，在明尼苏达大学、哥伦比亚大学学习，孙科的校友，中山陵永慕庐(亲属守灵处)的设计者；技士黄玉瑜[②]，旅美华侨，1925年毕业于麻省理工学院建筑学系，受林逸民

① 林逸民(1896—1995)，1923年3月至1927年3月和1936年8月至1938年10月期间担任广州市工务局局长。他还是岭南大学医学院(现中山医科大学)创始人之一，曾任岭南大学校董。

② 黄玉瑜(1902—1942)，回国前曾参与华盛顿大厦、哈佛医学院、康奈尔医院等设计，回国后还设计了孙逸仙纪念医院、岭南大学女学部(广寒宫)等；抗战期间，加入中央雷允飞机制造厂负责厂区建设，1942年5月，率队前往保山勘测选址时，因日机轰炸受伤殉国。

邀请回国，后来也在国内成就一番事业，直至殉国。

除办事处外，国民政府建设委员会和南京特别市政府的各委各局中，也有涉及建设、规划的人员事项；包括林逸民等受命与墨菲团队合作之前，就召集在市土地局的管理下开展工作。根据1927年南京新市政体系分工，工务局[①]和土地局的执行职能与城市建设相关，前者主管建设行为，相当于今天市住建委、园林局，市政公用局、城市管理局等全部或部分职能；后者办理土地测量、分配、确权、登记和评估等，并负责首都建设所需征地事宜。当时政府机构人员录用要求高学历或者亲友举荐，建设管理的技正和技士又以海归优先。其中，襄助制定和修订《首都计划》者就有后来的中国近代规划先驱、市政专家董修甲(1891—?)，中央大学建筑系教授朱神康(1895—?)，兼职教授、台湾“中国文化大学”建筑与都市设计系创办者卢毓骏(1904—1975)等，以及留下《规划首都都市区图案大纲草案》遗稿的墨菲前助手吕彦直。

与此同时，由于1927年蒋介石清党、驱逐苏联顾问，并终止已经影响国家利益的联俄政策，转而积极引进德国顾问协助中国军事现代化建设，1928年11月，有“坦克专家”之称的鲍尔上校(Max Hermann Bauer，1869—1929)率领26人顾问团到达南京，其中包括曾于1907年出任帝国海军胶澳租界地(青岛)建筑总监的海因里希·舒巴德(Heinrich Schubart，1879—1955)。1928年夏，游走于欧洲的孙科率考察团访问德国，以《实业计划》为蓝本，向德外交部提交了宏大的中国建设计划，舒巴德的派出应与此相关。这位毕业于普鲁士理工高校(现汉诺威大学)、中文流利的建筑师出任南京特别市政府顾问，早于墨菲与蒋介石照面，1929年7月被聘请为启始运作的首都建设委员会顾问，着手南京城市规划。蒋对德国本素有好感，鲍尔顾问团的政策影响力更为显赫，而且蒋与孙科的不同政见有可能被延续到舒巴德与墨菲的工作之中。首都规划设计不过是政治意图的空间呈现，极权政体下，墨菲和舒巴德两人无非只是空间描绘的工具，但对于有操守的规划师角色来说，当努力在夹缝中求作为。

---

① 《南京特别市暂行条例》规定工务局职能：(1) 规划新街道；(2) 建设及修理道路、桥梁、沟渠；(3) 取缔房屋建筑及汽车、马车、货车、人力车、脚踏车等；(4) 经理公园并各种公共建筑；(5) 经营监督电力、电话、电车、自来水、煤气及其他公用事项；(6) 其他关于土木工程事项；下设总务、设计、建筑、公用、取缔5科。

2. 继往开来的目标信念

1929年2月，墨菲一行抵达南京，在首都建设委员会确定的新组织架构下开始工作，重新启动已被暂停搁置的南京城市规划。墨菲对自己的设计使命充溢激情并怀揣信念，当年美国《当前评论》(Current Comment)记者罗维尔(Chester Rowell)采访他时，是这么描述的：

“墨菲的工作或使他成为中国最感到幸福的公务人员，这位建筑师兼规划师为这个首都或新国家所做的事情，就像一百年前朗方少校(Pier-reL' Enfant，1755—1825，法国建筑师)在美国(新)首都华盛顿所做的那样。墨菲同样怀着一个梦想，这个梦想也许他逝去百年也不会全部实现。可是，他正痛快地迎着梦想成真的方向。

这不足为奇！在印度的(新)德里、澳大利亚的堪培拉，建筑师们正在地球遥远的角落，建造宏大的欧洲风格政府建筑群。但是，墨菲的工作是在古老的南京建起一座中国的首都，他的愿景就是使其成为中国的。他的一个任务是说服当时的中国领导人——中国首都应该有中国特色。他几乎做到了。”

评论中提到了1789—1792年华盛顿的总规划师朗方少校，而不是1901—1902年华盛顿麦克米兰计划中闻名国际的伯纳姆等人。外媒报导中的墨菲和国人期盼的角色一样，首要任务是塑造“全国城市之模范，并足比伦欧美名城”的宏伟形象。南京城市建设虽然有金陵女子大学等获得了极大成功和影响力的新建建筑，但就整体风貌而言，还是被西方媒体描述为生硬而丑陋的西洋景建筑随处泛滥，中国本土的砖瓦材料、建构元素和景观造园在外来建筑上的结合令人沮丧。墨菲的顾问工作，将会努力“避免因不曾预料的西方建筑渗透和城市发展理念而毁掉的城市固有魅力”[①]。

不仅如此，工业革命第二阶段(1870年代至20世纪初)对社会经济、政

① 1928年10月，《纽约时报》(New York Times)报道。

治、文化、科技和生产力的深远影响，促使城市现代化建设产生新的需求，现代建筑运动衍生的功能主义规划思想在一战后城市的快速发展中愈发显现。1925年，勒·柯布西耶(Le Corbusier，1887—1965)出版的《明日之城市》提出建设功能分区，1933年国际现代建筑协会(CIAM)的《雅典宪章》提出现代城市应协调好居住、工作、游憩、交通四大功能。南京的大规模重建必须科学统筹工业、市政、交通等空间布局和系统工程，这已成为实现首善之区的前置性条件。董修甲1924年首版《市政新论》将“city planning”译为“城市设计”，并在后续理论著作和文章中，提醒国内同行注意城市设计与城市规划的学术分野。“本诸欧美科学之原则”、彰显“吾国美术之优点”，墨菲把对适应性改良的思考由建筑扩大到城市，采用的技术方法是将东西方文化和规划思想融汇到城市的“用”和“体”之中。

南京定都后城市人口激增，短短一年内由36万增长到近50万人，并持续保持快速增长趋势[①]。官方对于首都的未来发展较为乐观，认为其相较于欧美一些都市新辟前的荒芜状况，南京“现在已居政治和教育的中心地位”，且城市工商业渐次发达。城市基本建设方面，由于封闭的城墙已经被破开，战争重创留下的可更新土地也较多，约十分之七，利于首都职能大规模楔入和市政建设与改造。但是相应存在的另一个主要问题，就是极度匮乏的基础设施，供给状况不堪重负，俗有“电灯不明”“电话不灵”“道路不平”之称，各国使馆甚至皆以此为借口滞留北京不愿搬迁。国民政府旨在对南京进行现代化建设的“办理国都设计事宜”，“不仅需要现代化的建筑安置政府办公，而且需要新的街道、供水、交通设施、公园、林荫道以及其他与20世纪城市相关的设施”。(图40)

民国时期南京的规划离不开“总理遗教”的宗旨，孙中山《实业计划》中也描述了对城市建设的设想。方略中提到，要改变中国传统的政治性、消费型城市现状，城市发展应优先开辟港口、兴建商埠，实现“现代化”“工业化”蓝图。南京“为中国古都，在北京之前。其位置乃在一美善之地区，其地有高山，有深水，有平原。此三种天工钟毓一处”，下关及浦口沿江用

① 1912年南京城内人口269000人；1927年南京设市划定43平方公里的市域，将浦口商埠区纳入统计范围后，当年为360500人；而1928年便迅速上升到497526人，1934年达到795955人。沦陷前，1937年城区人口数为853781人，大多撤离；1935年后并入的乡区面积422平方公里，人口为161669人。

图40 《首都计划》中前期调研小组在水西门段城墙上考察(右为莫愁湖)

地,被列入世界级东方大港之长江内河商埠计划。他建议“削去下关全市,拓展沿江码头区域至江心洲,改夹江为内河船坞”,意在扩大江面宽度,改善长江航道,形成天然港埠;市区和浦口修建穿江隧道,连接为“双联之市”“工商总汇之区”和吸引列强投资的热土。(图41)这一计划因改造地理而颇为生猛,常被人诟为妄言,但其战略高度和操作,确是比空穴来风、平地臆造新市之举措要靠谱些。

a. 1930年代的南京下关港

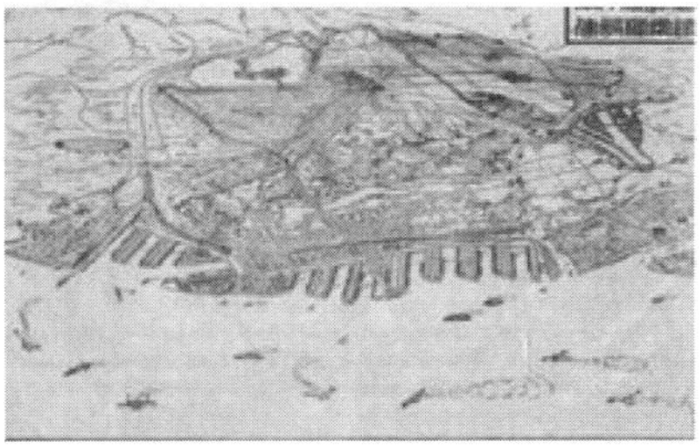

b.《首都计划》中下关港口规划

图41

尔后,自1914年5月以来,南京设为金陵道,治所江宁,江苏都督常兼任浦口商埠督办(1907—1927年间)。1920年,商埠局依据“南京新建设计划”制定《南京北城区发展计划》,初步调整、布局沿江至玄武湖一带城区土地“区域分配计划”,设定滨江大道和下关至老城“干路计划”。1924年,吴宗濂筹划开辟港口和建造长江大桥之事未成,卸任后由孙传芳系陈季侃接任督办;南京市政公所筹备处负责制定的《南京市政计划》(1926)包括了市区规划以及交通、工业、商业、公园(五大公园)、名胜开发(五大名胜)、住宅、教育、慈善公益和财政计划,共10个方面。在此期间南京城市发展平缓,计划方案多有摸索和尝试的成分,只为后来的规划编制提供了一些基础性参考。1926年1月中山陵园开始兴建,不久后墨菲收到了新规划首席顾问的委托意向。

定都后即1927年4月,精研市政的蒋系刘纪文①首任南京市长。这位酷爱城市建设的市长,留日归国后,曾深造于伦敦政治经济学院和剑桥大学,参访考察过欧美数国市政建设,推崇交通是城市有序组织的根本。上任后,他随即进行城市测绘、河道疏浚和公共市场的规划工作,其施政宣言中计划辟建马路,改善交通;端正人心,建造公园(图42)。1927年8月至次年7月,亲桂系的何民魂替任南京特别市政府市长期间,萧规曹随地维持和按期执行市府建设计划,并提出“建设‘农村化’‘艺术化’‘科学化’的新南京!”②的倡导。他在1928年初开始召集国人设计新锐,组织编制国都计划,即《首都大计划》;4月,召集成立由林逸民担任中方负责人的城市规划委员会,首次拟定了中山大道及中央路“子午线”,将整个南京划分为旧城、行政、住宅、商业、工业、学校和园林7个分区。由于权力交替,10月

图42　1930年代末的玄武湖和中华路

---

①　刘纪文(1890—1957),1923—1926年,受孙中山派遣,担任广东省政府欧美市政考察专员,带队前往英国留学深造。读书间隙考察欧洲数国市政建设,完成学业又赴美国考察市政,后经加拿大回国。任南京市长期间曾言道:“本人对于市政,极富兴趣,无论处何环境均抽一部分时间来研究探讨。”疏离中央后,1932—1936年南下任广州市长。

②　何民魂演讲中言道:“我以为南京市的建设,在‘建设农村化的首都’不要单是欧化,把东方原有的艺术失掉,因为东方有东方文化历史,不必去模仿人家”,“我们为什么要它农村化呢?原来中国是以农立国的,农民占全民85%,农产品也极其丰富,首都是表现一国特殊精神的所在!所以我们一定要主张将首都农村化起来;而且南京有山有水,城北一带,农田很多,只要稍微建设,即有可观,我们为着要把东方文明与艺术的真精神整个表现出来!同时主张艺术化、科学化。若是专一歆羡欧美物质的文明,抄袭人家成文,有甚意义,反觉把自己真美失掉。”

由刘纪文接任审定公布、历三稿编制而成的《首都大计划》，以及吕彦直的遗稿《规划首都都市区图案大纲草案》，没有成为南京城建的直接指导依据，只是其中部分观点和作法，被墨菲或他的竞争对手所采用。

建设首都委员会(后转为直属国民政府的首都建设委员会)的成立，把规划的借鉴参照对象，锁定在华盛顿特区和巴黎，其分别代表不同的发展模式。华盛顿特区是在“一片空白上”，按“理想主义”规划方案指导下建设起来的首都，这显然是墨菲所倾向的；然而，考虑到南京的历史和现状，巴黎提供了“现实主义”城市规划的范例，吕彦直在《规划首都都市区图案大纲草案》中写到，“对于南京，我们应该像巴黎那样，谨慎小心地考虑现有状况，一步一步实施计划”。

1928年8月，为奉安大典迎送总理灵榇，成立首都道路工程处，开始修建12公里长、40米宽的中山大道[①]。刘纪文铁腕下，大规模拆房筑路、快速建设完成的中山大道(图43)贯通南京城北、城中和城东，确立了城市道路系统的基本骨架；路两边广栽法国梧桐(悬铃木)，形成被西方称誉“世界一流”的城市绿化；而大道现中山东路段，横跨明故宫奉天殿前(正殿，即俗称金銮殿)，也把皇城分割成南北两部。中山大道造就了今天南京历史文化名城的第三条轴线[②]，也勾勒出“博爱之都”新的城市结构形态。由此，《首都计划》中南京城市空间的基本格局已被限定。

图43　新开辟的中山大道东段(现中山东路)

① 1928年8月开工，次年5月完成。中山大道以鼓楼、新街口为节点，又分中山北路、中山路、中山东路三段，是南京第一条柏油马路。

② 古都南京以历史时代为轴，形成了严格保护的三条轴线。一是中华路南唐轴线，二是御道街明代轴线，三是中山北路、中山路、中山东路民国轴线。

3. 城墙脚下的权争端倪

中国城市的规划与建设活动中，政治往往会影响社会组织与经济发展，成为空间规划的重要干扰因素。首都建设时期，国民党内部的纷扰不休也导致了南京城市规划建设中的一些反复和徘徊。

墨菲就任之初，沸沸扬扬的拆城取砖一事已呈愈演愈烈之势，其根本乃学术见识长短，却无端延误事宜。南京明城墙集城垣建造技术之大成，作为古代军事防御设施，不仅是世界第一大城垣，也是继长城之后的又一宏构。墨菲是坚定的"保墙派"，面对城市发展过程中现实与理想的矛盾，他已经错过了广州[1]，更期待能不留遗憾地协调保护南京城墙。作为无派系瓜葛的"外来和尚"，他说服孙科直接向国府呈文："窃查国都设计评议会于3月1日开第二次会议讨论，当由茂非(即墨菲)顾问发表关于南京城垣存废意见，以为南京城垣尚非无可利用之处。在计划未经决定以前，应暂予保留，以便设计。惟查现在该城垣有一部分，方在拆卸之中，似应行制止，免与将来所定计划或有冲突。"据此，国府分别以第471号《指令》、第194号《训令》，向南京市政府下发停止拆城取砖的命令，3月11日，转饬到开始拆卸太平门段城墙的中央陆军军官学校(前身黄埔军校，此时为第六期，原计划1928年3月6日开学，后拖至4月23日开课)。历时数月的风波终于出现了转机。

墨菲对拆卸城墙觉得不可思议，"这是中国的象征，拆掉它将是巨大的错误"。他强硬地要求保留城墙，态度坚决："应该通过首都新建筑的设计使中国的建筑得到完整的利用，不惜任何代价保留饱经沧桑的灰色城墙。"在今天看来，墨菲做的是合情合理、深入人心的事，但当时他的对手们，包括蒋介石在内的更多人却并不这样认为，"拆墙派"一直占上风，并且拆卸取砖、破墙筑路的作法延续到了1950年代。

因为城墙本体并不突显的美学特征，以及走向现代化城市进程中被

① 1921年2月至次年7月，孙科首任广州市长期间，将1912年胡汉民发动的拆城筑路工程进行到底，共拆除约10公里的城墙，在墙基上建起万福路、泰康路、一德路、大德路、越秀路、长庚路等路段。

贴上的"无用论"标签，在广州拆除城墙的示范下，1927年北伐军拆毁了武昌城墙；1921年至1927年北京皇城城墙被大规模拆除，1928年《整理北京计划书》[1]中更是希望彻底拆除北京内外城城墙。全国各城市纷纷效仿，在南京，孙科本就是"毁城建道"的实干家，《都市规划论》中专门介绍了西方拆城墙的先进经验；吕彦直的遗稿也建议拆除老城东、南两面城墙。辛亥革命后，南京皇城一带成为棚户区和采石场，宫墙残存被随意挖取，甚至出现专营城砖的店铺，下关扬子饭店（1914年竣工）、金陵大学北大楼（1919年竣工）等皆以城砖为材料建造。中央军校选址在前清新军炮标、马标处——城东北的小营位置建设后，1928年11月，国务会议同意了以蒋介石的意见为由，向南京市政府提出拆城取砖的要求[2]，甚至将拆除范围从太平门至丰润门（现玄武门）扩大至神策门。这段城墙沿湖而建，一来已无现代军事防御价值，二来可以将市政府广征世界物产、重点打造的五洲公园（玄武湖公园）向城区全面开放。

当议决公布后，驻南京各大机关纷纷向市政府来函索要城砖，一时之间舆论哗然，引发风波。1929年1月，徐悲鸿在上海发出电报，请求"留此美术上历史上胜迹"。他又撰写《对南京拆城的感想》，惊呼"而欲毁世界第一等之巨工，溯其谋乃利其砖"，直斥此事件是西湖雷峰塔"因有妄人生病，食其砖当药石，因致万劫不复，遂丧西子湖之魂"的"续貂之举"。"保墙派"也曾以"古迹宜保存"为由数拒何民魂市政府提出的拆卸提议，之后还邀请党内大佬为城门题写新名匾额[3]。终究抵挡不住蒋介石的面谕压力时，刘纪文亦消极懈怠，且有呼应便扼腕而起。

墨菲此时的职业生涯恰好中美各半，跨越了世界东西两端，他基于"适应性"理念的设计思想正趋于成熟，致力于把中国建筑文化精髓和西方现代

---

① 留德哲学博士张武撰写提出，是北京最早引入西方城市规划学说的城市建设主张。

② 南京城墙存废之议始于1927年何民魂执掌的市政府提出"以新都建设需费，将标卖南京全城城垣城基"。名士廉泉（1868—1931）撰文《南京拆城计划中保留一二古迹之私议》，赞此举"化无用为有用，自属良策"，并建议保留城南"关闉三重，气象闳壮"的聚宝门（现中华门）和城北"尚为六朝遗迹"的台城一段。"留此区区，当于经费上无甚影响"。

③ 1928年夏，刘纪文以"本市各城门旧有名称，颇多封建思想，实非革命时代所应存"，促请更改名称，并致函邀请蒋介石等人分别题写匾额。尔后，蒋介石题写了中华门（原聚宝门），谭延闿题写了中山门（原朝阳门）、兴中门（原仪凤门），胡汉民题写了和平门（原神策门），蔡元培题写了玄武门（原丰润门），于右任题写了光华门（原正阳门），戴季陶题写了挹江门（海陵门）。

技术与理论融合在一起。此时，他也是小众的中华传统文化卫道士的领头人，“他们在热切追求西方模式的同时，还努力守护中国不会泯灭自己的美丽传统”(《纽约时报》报导)。面对南京明城墙的拆除危机，墨菲基于自身审美价值观上的考虑，再加上一个异域者眼中的传奇膜拜，毅然投身扮演了一位守护者的角色。这种守护的意识已远远超出政府当局仅针对孤立客体对象的物质范畴。无论是一个西湖、一座孔庙、几落宫殿或些许建筑，都没有一座古城格局保护对城市地域特色和历史文脉传承的意义重要。

在涉及现代功能与文化传承取舍之争辩中，“拆墙派”并没有放弃己见。1929年3月14日，“总揽中华民国之治权”的蒋介石，以军校校长名义亲自撰文上报国民政府，5日后被驳回，“所请未便照准”；指示军校组织力量自行拆卸，也于一周后被刘纪文“即速饬工停止”。墨菲或许无意识地利用了蒋孙不和，促使孙科改弦易辙，以时评置喙政事，但变更决议的同时，也变味成权争的工具。“城市建设决策及其实施是一项高度综合和复杂的、同时牵动许多社会集团利益和要求的工作，对此规划设计者常感到力不从心，势单力薄，因而想拉一些人来共同决定。”①

偏离了学术研讨的范畴，只为斡旋尚未扩大的胶着事态，善于揣度各方意见融入设计的墨菲，提出了一个城墙利用的具体方案，借此端让双方平息罢止争端。这个被写入《首都计划》最后文本的浪漫主义设计，来源于特定背景下墨菲的清奇构思：把汽车“放飞”到了城墙上行驶，成为长33.7公里、宽阔的现代化环城大道。(图44)这“将是新城市宝贵和独特的资产”，应该也是世界上最早的城市高架道路环线系统规划方案。

图44 《首都计划》中围城林荫大道及城上大道鸟瞰图

① 王建国：《析城市规划建设的政治因素》，《华中建筑》1990年第1期。

无论过程与方法，历时20余载建造的南京城垣得以继续屹立于紫金山下，一国之都的表率也叫停其他城市的拆卸风潮，留下了墨菲心中的“中国象征”。历史总会有些无奈，1953年徐悲鸿去世，全国展开新的拆墙行动；1954年墨菲去世，南京市委以局部坍塌为由，决定将城墙“除了有历史文物价值的，有助于防空、防洪的以及点缀风景的部分应予保留外，其余一律拆除”。1956年，刘纪文去世前一年，太平门段继续为军校拆卸（图45），1958年叫停之后全部拆卸的已达三分之一，包括大部分的城门。

图45　1955年拆除太平门段城墙

蒋介石没有再执着城墙之得失，对孙科的作法只能在合作与压制中寻求平衡。1929年9月，国都设计技术专员办事处由直属国民政府，改辖于首都建设委员会之下。从实际到名义，蒋委员长一直是南京城市规划与建设的最高决策人，对另一场关乎执政之基的中央政治区选址，则寸步不让。

4. 中央政治区权力角逐

《首都计划》中，墨菲最专注的当属中央政治区的设计。这是一个另辟新城于紫金山南麓，可以称得上经典、完备的雄伟计划。只可惜，战乱年代的现实情况，导致其因时机未到而难以实施。

中央政治区的建设是中央政府所在地的头等大事，此时南京城墙之内，城北和城东有大量集中成片空地可资利用。1927年启动编制《首都大计划》，初稿选择下关和老城之间便利之地，且“地势平坦、处境幽静”的玄武湖西岸，城北紫竹林地区设置；刘纪文接任后的定稿，调整到与城市功能相对独立、正急需整治的城东明故宫旧址一带。墨菲的计划是继续向东移至郊外紫金山南麓，在取得共识后，1929年12月底这一方案在《首都计划》正式成果中公布，然而2个月前首都建设委员会秘书处编印的《首都建设》首刊中，又特意收录了支持明故宫方案的吕彦直《大纲草案》遗稿。随着《首都计划》的编制完成，墨菲及办事处等组成的规划工作机构即刻裁撤，18天后，国民政府突下训令决议选址，并附《陆海空军总司令部公文笺》，由蒋介石手书批示：“行政区域决定在明故宫，全城路线应即公布为要。”（图46）

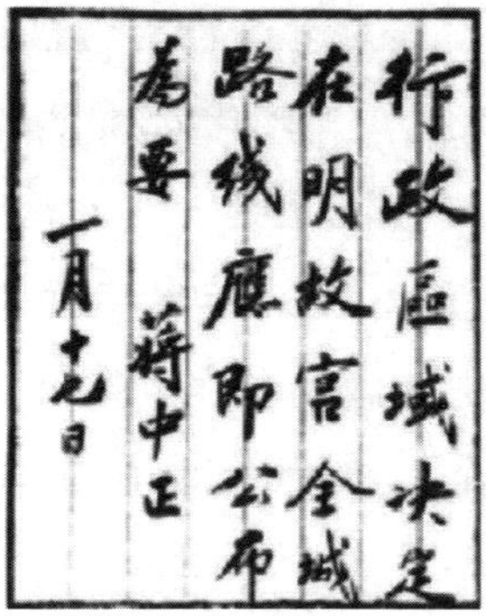
行政區域決定在明故宮全城路線應即公布爲要
蔣中正
一月十九日

图46　蒋介石手书中央政府行政区域决定

回溯此间经过，墨菲选择紫金山南麓布局中央政治区，起初来源是孙科的想法。孙科“毕生推动其父孙中山三民主义”，自巴黎返回后，与胡汉民联手主推政训，试图“以党治国”，提升党权并制约军权，限制蒋介石权力。另起炉灶编制《首都计划》，所谓“革故鼎新”的“故”有很大成分暗指蒋介石以及蒋系做出的一切决定与事项。紫金山取代明故宫，不仅是城墙拆留一事的后续，而且中山陵奠堂两壁镌刻《建国大纲》全文，中央党部占据地势高耸的轴线北端，明示“党权高于一切”。“地在总理陵墓之南，瞻仰至易，观感所及，则继述之意，自与俱深”。

无论从城市规划的技术层面还是角色位置，墨菲都没有理由不认同此决策。一方面，“查世界新建国都，多在城外荒郊之地”，其“国都”主要针对国家首都的核心功能——中央政务区，部委院署集聚的国家政治中心。以城市发展和人民生活为根本，将非城市的职能迁出和分离。未来暂定10万人规模的政务新区，紫金山南和明故宫相比较，由城墙内移至城墙外，与老城间的缓冲更加充裕。且“规划裕如”、对外交通便利、“面积永远足用也”。另一方面，从南京整体用地布局的角度研究和展望，紫竹林居“今城之北，与南京发展方向未能相同”；明故宫有诸多优点，但贴近老城建成区。“遍揽南京各地，火车总站最宜建于明故宫之北，而总站之南，又为商业区最良之地。一因适当发展方向之冲，地点适合；一因面积广大，适为繁盛市场。且该地现价甚低，大半又属官有，一成为商业区域，地价必倍陡增加政府收入，因亦大进。若取为行政区域，无论商业区域，别无他处可以相当。”反观紫金山南可为政务区，“未必可为商业用也”。

随着规划工作深入，墨菲作为外籍顾问的独立性，特别是一个设计师的操守，让他很快地投入并发挥主导作用，“科学、效率、艺术和技巧”的原则被运用于政务区的空间规划，趋于成熟的方案也开始显露出它的优势和亮点。

一是因山就势的环境特色。在紫竹林、明故宫地区选址评价中，地形全部几近平坦，皆为指出的不尽之处，“此等地面，建筑布置实难具有美观”“难臻佳胜”；而紫金山南的地貌，“处于山谷之间，在二陵（明孝陵、中山陵）之南，北峻而南广，有顺序开展之观，形胜天然，具神圣尊严之象”；建筑布置在斜度缓和的低丘坡地上，“不独易臻新巧，且高下参差”，层楼叠榭，或高峻，或掩映，庄严璀璨之中，“兼擅林泉风景之胜”。（图47、图48）

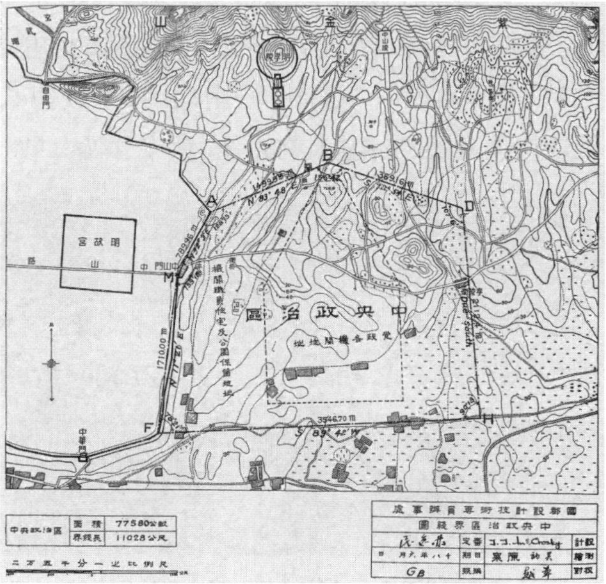

图47 《首都计划》里的中央政治区界线图

图48　墨菲规划的中央政治区总体鸟瞰图(1929)

资料来源:《亨利·墨菲在中国的适应性建筑1914—1935》。

二是宏大威仪的空间序列。南北中轴从中山陵与明孝陵之间穿越而下;与墨菲著名的校园规划一样,吸取了紫禁城的传统,主要建筑布置在中轴线上,北端为中央党部,居高“俯瞰可尽全城,气象尊严,又无逾此”;向南依次为国民政府、五院和各部会建筑群,其他辅助功能“环列两旁,有如翼辅,拱辰之势,若出自然”;一期建设,南北约2.5公里长,随着需求的增加,远期沿轴线南向延展,“亦复具有系统,秩序井然”。(图49)

图49　中央政治区鸟瞰图　中央党部位于中央轴线北端,俯瞰全区

三是宫阙重重的建筑地标。“适应性建筑”往往被人们称为宫殿式风格复兴,但校园建筑中可表现的形式类型实在不多。墨菲设计一期核心组团建筑群时,为了满足空间聚焦和突显精神象征,将相同功能机构集中成组,采用清官式建筑的各类型等级形制要素,来标识“本国固有之文化也”;群体建筑形象外廓,按照美学原则,将攒尖、歇山和庑殿等屋顶型式有机组合,使得紫金山下,碧瓦朱甍,檐牙高啄,陵园院府,各抱地势。(图50)

图50 中央政治区个案(立面)

选址方案在总体布局上的可行性,以及清晰展现中山陵崇高地位的空间效果,使孙科有了再次叫板的底气和动力。1929年7月12日,孙科呈文国府,着重分析紫金山南和明故宫方案的优劣,建议将明故宫地区作为极具潜力的商业用地开发。(图51)9月7日,获得选址决策权的首都建设委员会,决议通过中央政治区定在紫金山南麓,作为交换条件,孙科也必须承认国都设计技术专员办事处为其下属机构。

图51 明故宫火车总站规划设想

虽然紫金山南麓和明故宫方案各有利弊,但双方妥协的结果,是墨菲主导的设计得以继续推进。7月,首都建设委员会经蒋介石核准,在墨菲拿出的修订稿基础上,全国悬奖征求"首都中央政治区全部建筑物之布置及形式图案"。8月31日竞赛截止后,由墨菲、募罗、舒巴德、陈和甫(南京市工务局局长)、茅以升、林逸民、陈懋解(华北水利委员会委员长)为评判顾问,选出黄玉瑜与朱神康合作的方案入围。但所有方案的建造费用从1500万到2000万不等,都远超出指定的600万预算控制。

录入《首都计划》里的这个方案(图52),保留了最高点端景,整体布局更接近华盛顿特区国家广场的规划,自东端国会大厦到西端林肯纪念堂,中轴线为开放空间构成的草坪广场;斜向长街辅助和打破棋盘式布局。(图53)同时,在仪式感的强化中,还建议区内各机关建筑采用"中国古式",按党部、国府、五院、部会四级等阶,配以不同的建筑尺度与造型组合。由此,这些"满足新型政府机关"需求的建筑,在爱国主义情调的空间塑造中,变成了皇权下建筑规制和层级规范的表述,从视觉上来维系权力关系,强化政治伦理尊卑秩序,也算得上一种文化意识驯化后国人审美情感的自然流露。

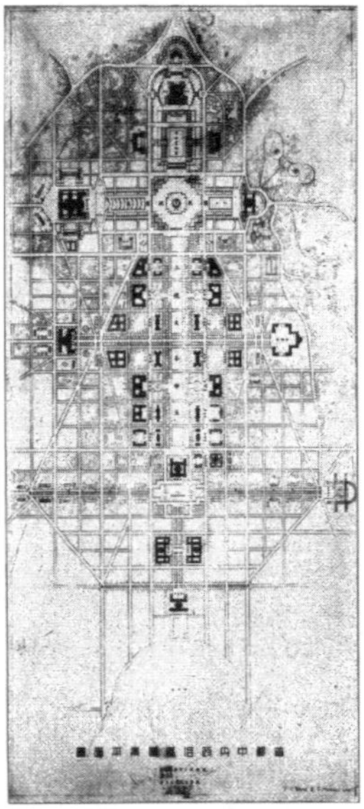

a. 图案平面图

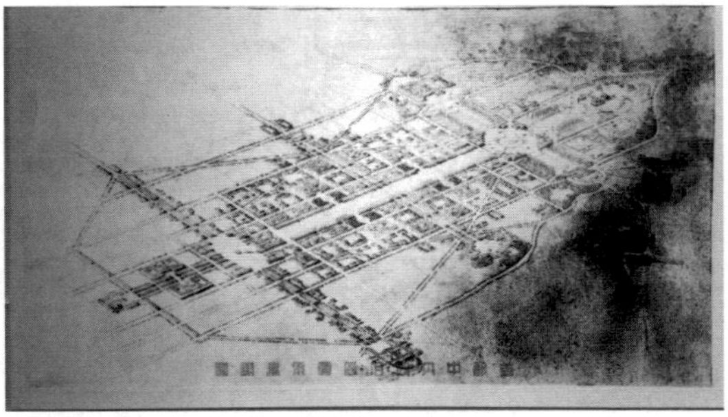

b. 图案鸟瞰图

图52

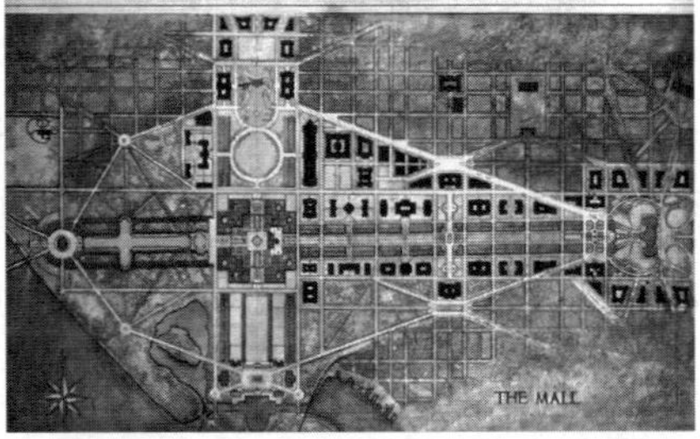

图53　1901年的华盛顿"麦克米兰计划"(McMillan Plan),国家广场为该规划的核心区域

蒋介石的心思，除了对孙科的不屑和恼怒外[1]，城墙内外建设方案的的比选，主要困扰于经济和军事两方面因素。对前者的纠结是建设计划究竟追求时效还是一步到位，这一点墨菲思量的比较简单，他只关心什么时候有条件可以开工；对后者的担忧是今后可能的战争对手和攻击方式，这一点墨菲和来自和平状态的美国同事并不擅长，他们的军事防守见识可能刚刚进入火器时代。

竞赛评图之后，蒋介石把阵亡将士公墓的设计指给了墨菲，此项目所在地同属紫金山南麓，重要性不言而喻。但中央政治区计划的定夺，已经超越了技术层面的讨论，孙科此时因联合胡汉民等提倡“党权限军权”，却招来胡适等“以人权抗党权”的论战，而无心关注选址，等到尘埃落定再以辞职相要挟，已作休矣。墨菲雄心勃勃的中央政治区方案，最终还是情深缘浅，成为永远停留在图纸之中的梦想。

1931年4月，孙科甚至出走南京，去了广州反蒋。

5. 计划完稿和前瞻创新

墨菲专注于保留城墙和首都政务区设计时，古力治及助手进行着交通和港口开发的规划。美国海军在夏季为专家团提供了一份通过航空照片绘制的测绘地图，可以清晰展现南京的即时境况，他们发现正在改变的城市有许多惊人的变化。古力治写的“上千人肩扛水桶在街上兜售水，水车用畜力拖曳”的状态还在持续，而咫尺之间作为南京和上海之间空中邮路的一片机场已经开始施工，这只是前不久刚提出的建议，林逸民就立刻跟进，责令调查土地，并很快启动建设。

古力治极其赞同墨菲保护中国传统遗产的举措，并帮助中国同行引进国外适用的先进技术。他在经验总结中写道：“恕我直言，美国工程师所能做的最好的事，就是向年轻的中国人展示他们的文明中哪些值得保存，这

① 胡汉民曾形容孙科：“因为他是孙中山先生之子，所以有革命脾气；因为他在国外长大，所以有洋人脾气；因为他是独子，所以有少爷脾气。他有时只发一种脾气，有时两种同发，有时三种一起发。”

数量非常多，而我们的有哪些最好的值得采纳，避免中国过度西化……帮助建立一个超越世界上最好地方的新中国，这就是我们在规划新首都南京时所寻求的目标。”

然而到了6月份，让墨菲感到恼火的是，古力治在没有违背合约的前提下，只呆了3个月就离开了南京。他甚至有时会后悔选择了古力治：作为搭档而没有协力同心。1929年底，随着墨菲等人的努力，这一部坚持以全体市民需求为首要考虑的规划已逐渐成形。

《首都计划》成为南京近现代城市规划史上最早的一部系统规划文件，改善民生并保障首都职能，建设国际标准的现代化新城；荟萃中国建筑艺术精髓，展现“中国面孔”，奠定了如今南京大都市发展的空间基础。而且，这部规划在技术理论、应用方法和城市管理体系方面成为示范标杆，林逸民写到：“此次计划不仅关系首都一地，且为国内各市进行设计之倡。影响所及至为远大”，“全部计划皆为百年而设，非一时之用”。当代作家叶兆言的回应是：“这个计划的精细科学，用今天的眼光去看，仍然足以让80年后的读者震惊。它不仅立刻让南京受惠，而且吃足了老本。”

首先，建立城市形态之框架。

“大南京”远景城区界线，南起牛首山，北至常家营，西至和尚路，东至青龙山，面积855平方公里，2020年预期容纳200万人口规模，城区（明城墙范围内）人口72.4万。1980年代初，划定范围内的人口就已超过了这个容量。

城市中心从传统、拥挤的城南向北调整到鼓楼一带，这是半径约20公里界域的地理中心。随着近代长江水运和铁路运输的的兴盛，下关码头繁华一时，中山大道对外形成了两个方向的交通联系，交点上的新街口，逐渐成为城市主要商业中心，环岛式路口沿用至今；对内则连接五台山文体区和计划中的市行政区等，构成城市多中心的带状结构。之后1957年长江大桥通车和1968年南京火车站的建成，使得城市中心继续往北偏移，形成了现在南北向的城市轴线格局。（图54）

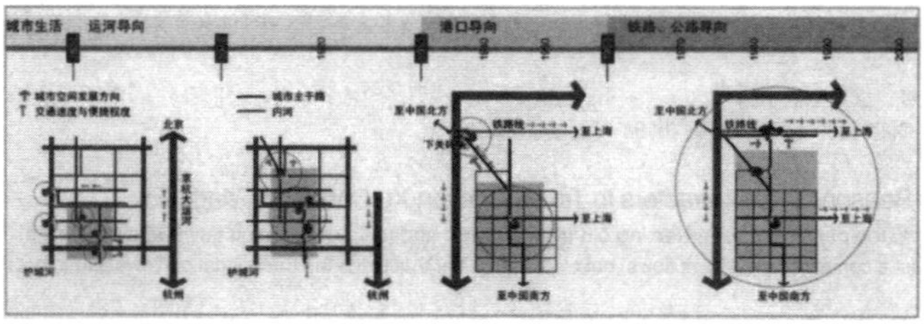

图54　南京城市历史演变抽象图

城市用地与功能布局引导,“是中国第一个按照国际标准、采用综合分区规划的城市”(柯伟林,William C. Kirby,1996)。根据美国区划法(Zoning Resolution),古力治协助起草的第25章《城市设计及分区授权法草案》,授权市政府制定土地使用管理条例,是中国第一部城市规划法草案。第26章《首都分区条例草案》,相当于授权法草案的子法,专门规范南京的土地使用分区,也是第一部专门的城市地方规划条例草案。这两部草案借鉴西方城市规划法规和条例编写,以欧美规划指标体系为参照,被视为运用科学原则的典范。

《条例草案》将南京划分为公园区(游憩功能)、3个住宅区和2个商业区(生活功能)、沿江两岸工业区和鸡鸣寺原国子监一带科教文化区(工作功能)等,除了各级行政区在1949年后改变较多,其他分区基本延续保留。该草案还对各个分区域内的建筑形式、街道尺度、建筑退缩距离等作了详细的规划控制,让南京成为“中国最漂亮、整洁而且精心规划的城市之一”。

其次,实践公营住房之研究。

住区是每个城市最广泛、最基本的空间载体,大量新居民开始涌入新首都后,房屋数量缺口过大,加上土地囤积,由住宅问题引发的各种社会问题日益严重,“盖都市居住之难,大有过于村乡也”。《首都计划》在8个城市分区中划定了3个住宅区,并将其分为四等,涵盖权贵和政府高级职员、工人、一般市民和棚户区贫民的不同人群。一方面改造传统房屋,另一方面筹建新式住宅,双管齐下。(图55)

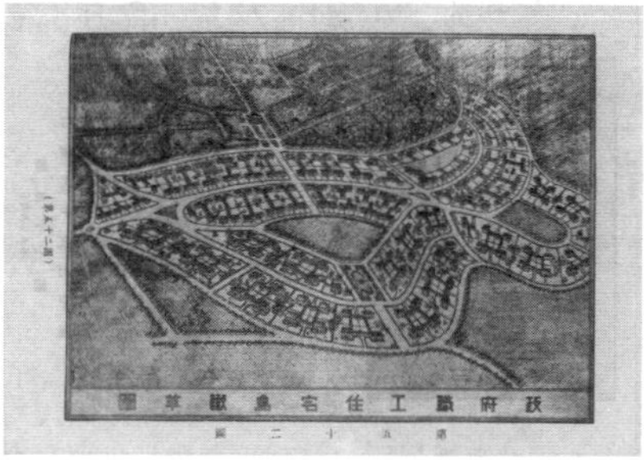

图55　《首都计划》中政府职工住宅区

除了独门独院花园别墅、游园会所配套完善的高级住宅区外,第21章特重点阐述低收入劳工、平民和弱势群体的住宅类型、应对人群及布局、标准之研究。“个人之经济能力有强弱之不同,而弱者每居多数,以生计压迫之故,一部分人之生活,仅可置重于饮食之一端,而此关系甚大之居住,反不能加以相当之顾及,苟免暴露,即无所求,此种现象,都市尤甚。”(《首都计划》)受“一战”后欧美各国形成的公共住房建设、租售政策影响,推动建立中国“早期现代城市救济型住房保障制度下的公营住房”①体系。

考虑民生问题,规划建议住宅建设以公营为主,私营为次。“以中央出资、市府营建为普遍,此种住宅,或收回低微之租金,或更免费借住,一视其种种情形之如何而定。”其实就是廉租房和少量的经济适用房,这样彻底改变了传统自建的方式,由“自下而上的一家一户为主体的营建”,“向自上而下的有控制的集中营建”过渡。“建筑物整齐划一,增加都市美观”,对于用地紧张的城区而言,“地方分配得宜,不致留有零碎无用之地面”。

公屋供给主要涉及三类群体:滞拥在棚户区的低收入工人、筑路拆迁的居民和各级各部门政府公职人员。前两类住房由于租金收益极低,因此尽可能采用低成本建造的集合住宅,厨房、厕所、浴室、洗衣、晒衣、儿童游戏场根据户数统一配建,对于朝向、开窗,要求确保卫生健康的生活环境。后一类均要收取租金或者采用分期付款方式售出,建设标准适当提高。有些集体生活式住宅,每户仅卧室、起居室各一,配有公共食堂、公共盥洗及公共活动场所等,带有一定的集体制而不是配给制的合作社区性质。

在南京市政府进行大规模市政建设中,相对比较超前的保障性住房建设计划,只有少量实施。当时的制度建设、经济发展和国防军事等条件并不足以支撑,实施的部分有些也与公营住房的规划策略不完全一致。

再次,布局现代交通之体系。

近现代交通的发展推动了社会文明的进程,传统城市空间的变革,最直观的体现在于对外交通带来的城市结构调整,内部交通引发的肌理和形态的重构。

墨菲和古力治到达南京之前,区域性交通和中山大道的建设已经初

---

① 参见王承惠、汤楚荻:《救济—福利—补贴:民国以来南京住房保障制度、机制及空间格局》,2014年第6届城市规划历史与理论高级学术研讨会暨中国城市规划学会城市规划历史与理论学术委员会年会论文集。

具规模，《首都计划》主要工作是加强国际化交通枢纽建设、构建城市内外顺畅便捷的运输网络、梳理城市道路交通路网、组织公共交通和景观林荫大道。

铁路规划考虑了新线铺设的走向、客运位置的调整以及火车渡船、过江隧道的设计构想。下关、浦口设有火车站点外，参照欧美都市模式，总站设于未来市中心边缘，明故宫与富贵山之间，意在“促其为一优美繁盛之商业区域，与纽约中部铁路之总站，具有同一之效力”，以此引导城市中心区向东发展。港口规划以休斯顿、新奥尔良、蒙特利尔等内河港为样板，分为下关、浦口两部分，提出了筑堤抵沙的方案，测量了水深与潮汐情况，拟将南京港建为国际贸易港口。

飞机场站的远近期规划中，原计划考虑空铁联运和便利政治的因素，提出了红花圩、夹江东岸、浦口临江3个选址方案以及小营地段备选方案。红花圩为中央政治区界线之外以南的地段，设军民两用机场，1931年大校场机场建成后，原明故宫机场逐渐转为民用机场；夹江东岸地段和浦口临江地段，设水陆两用机场，基础条件不合适，1930年曾设三汊河水上机场；小营机场设施简陋，空间局限，1927年已弃用。当时最终机场总站定址的位置是水西门外的皇木场(今河西地区)。

《首都计划》中道路的规划，是它留给这座城市的另一大遗产。城区内依然是借鉴华盛顿的方格网布局，线密度高，交通组织灵活。郊区采用“环状+放射状”布局，“状如蛛网”。而在路权分配上，亦考虑民众的利益：“凡繁盛区域之道路，其两旁之路面至为贵重，应供一般人民之享用，不能为有汽车者所独占”，“盖有汽车者，不过市民之少数，既独占之以为用，是牺牲大多数人之权利，而益少数也”。

与交通相关，计划中还前瞻性地制定城区内汽车使用之原则。“限时停车”，即汽车在商业区或其他繁华区域，“停留时间以不过一小时为限”，“最善之制，莫如使所有汽车，除最短促之时间者外，皆须离街道而停泊。由市政府规定，凡新建住宅、商店、货栈或办事处，皆须自备停车处、装卸处，方准发给建筑执照”。

此外，沿秦淮河、明城墙的两条大道，是第一次出现在中国城市的“林荫大道”概念，“其中铺草植树，恢复其昔日之风景，既可联络公园，亦可保存名胜”。(图56)墨菲还单列第11章“公园及林荫大道”,强化绿地公园的规划。其他诸如关系市民“幸福”的市政设施规划、结合欧美城市标准配置的学校之计划等,不再冗述。

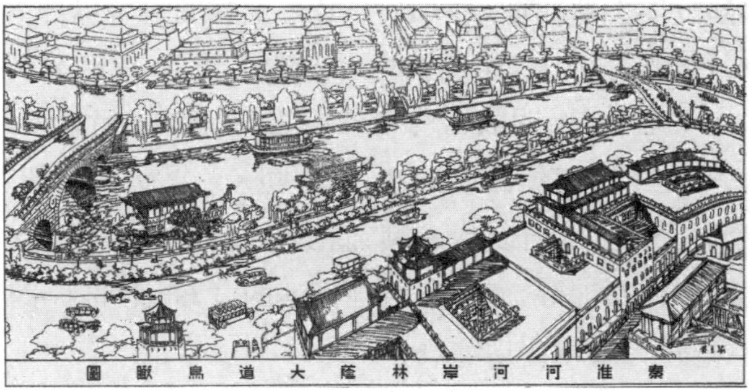

图56 《首都计划》中秦淮河河岸林荫大道

6. 城市建设实施与夭折

厚达500多页的《首都计划》公布后,首都建设委员会对南京城建的具体实施仍然很谨慎。1930年2月中旬,身在广州,但心系南京的墨菲写到:“人们越来越觉得,南京必须尽快建好一些东西,否则就会失去威信”,“但他们似乎并不认同我乐观的判断,即使大规模的空间扩张是急需的”。从1929年至1937年,国民政府一直处于赤字状态,面对建设一个国家这样令人敬畏的话题,国民党却没有统一政权和充足资金的支持。除高额军费开支外,政府投入大量基础设施项目的资金早已捉襟见肘,宋子文组建的国家金融体系还举步维艰。

几乎从《首都计划》的一开始,大动干戈还是俭朴实用,比墨菲和古力治更加困扰着南京的决策层。“如何为这些项目提供资金,这不是我们所关心的问题”,古力治一语道破,“当然,我们对这项事业的成功很感兴趣,但我在天津时就明白,他们还在致力于十年或二十年前制定的港口发展计划。”当时,美国驻南京领事亚当斯(Walter Adams)把自己的预测告诉墨菲,“政务中心”计划的实施似乎遥遥无期。这意味着第一批政府机构将在城内建造，而不是在他精心计划的紫金山南麓。1930年初，选址决议明朗后，墨菲凭借着他的执着、荣誉感、责任心和对机遇的渴望，才走出迷茫和失落。他决定继续“留下来，给予政府最大的帮助”。他的好友、耶鲁毕业的实业部长孔祥熙[①]也提出建议：“最好在中国待一段时间，情况可能会有所改善，足以让政府继续进行一些建设计划。”

起初，财务前景是乐观的，至少在《首都计划》中是给出了路径。一是“土地财政”及土地税。城内有大量闲置“官地”，新辟道路征地除建设之用外余地，随着城市规划与建设启动，土地升值售出，可获大利；建议开征城市不动产税及增价税，有效回收土地增值中的公共服务投入。二是商业税收的预期，随着港口建设取得成果，商业环境改善而迅速蓬勃发展。训政时期5180万元的建设费用筹措，以税收来担保，由各省负担的2000万元和发行公债募集。但实际上，正如邝耀坤在1929年9月《中国评论周报》(The China Critic)上的《建设新南京》一文中指出，如果这个国家真的“正常化了”，那么“政府应该毫不费力地为其计划融资”。反之，1930年代初，启动资金无法落实的南京规划陷入了恶性循环，投入和收益缺少资金杠杆和支点。

观望中的墨菲由于收到岭南大学(现址属中山大学，裁撤后1978年在香港复校)钟荣光校长的邀请和委托设计的暗示[②]，去了广州。然后又返回美国，在马萨诸塞州、纽约州、新泽西州、俄亥俄州和伊利诺伊州的院校和研究机构举办巡回演讲，去宣传南京的《首都规划》和他的中国“适应性建筑”实践。直到1931年初，墨菲最后一次来到了中国，整整一年里，《首都计划》正进行着实施前的修整和艰难筹备，他似乎错过了些什么。

1930年1月至3月，《首都建设》的报告中开始公布建设时序，先行强调公园和开放空间的重要性，投入小、见效快；接着是讨论中央政治区的实施。1月份的报告还赞扬了墨菲的东郊方案，但易址后重新设计也不算

① 孔祥熙(1880—1967)，1901年秋赴美，1905—1907年在耶鲁大学研究院研习矿物学，获理化硕士学位。

② 钟荣光(1866—1942)，1928年岭南大学收归国人自办，任第一校长，次年改任岭南大学荣誉校长，1926年起兼任教育委员会委员。1930年初，墨菲已完成惺亭设计，两人会面之前，钟荣光无疑熟悉他的设计实践和追求。之后，在上海到香港3天的旅行中，两人相谈甚为投契。

太迟，首都建设委员会开始根据舒巴德的要求，统计各机关所需屋宇。4月15日，新设立的工程建设组委员孙科和委员会顾问舒巴德分别提交了新的明故宫中央政治区图案，这场技术与权力的角逐，没有太多悬念。

排除墨菲在外的讨论和后续，可能会被解读成对美国顾问的冷落和回避，但并不能说是对墨菲规划方案与设计倾向的质疑。官方公告和评论中强调建筑美学、政治权威和有限资源之间的关系，很大程度上是在探索如何转化和嫁接。中国第一代建筑师、工程师等逐渐成熟和走向舞台，需要实现中国人的“中国制造”。

墨菲受邀请参加蒋介石的私人俱乐部并留下小住，可以说是把一个设计师的职业做到了顶峰。凭借复兴中国传统形式建筑的人气和主持南京城市规划编制的贡献，甚至墨菲通过耶鲁校友身份而逐步建立的朋友圈中，还有蒋的连襟孔祥熙和蒋的乡党王正廷①，此次更得缘与留美的宋子文、宋美龄兄妹结交。墨菲后来为得到与蒋介石会面的“机遇”感到自豪，在俱乐部生活给了墨菲一个“任何美国人从未感受过的近距离接触中国传奇‘强人’的机会……以一个独特的角度，去了解蒋介石夫妇以及他们周边其他领导人物的理想和人格”。

墨菲对南方国民政府的认同，让他早在1926年初涉南京规划时，就把自己看作国民政府与美国政府间的“联络官”。1927年初，王正廷奉命秘密会见美国驻上海总领事，取得了蒋介石的支持，瓦解各国武力制裁北伐军的计划。1930年初，墨菲因为他的魅力和真诚的愿望，成为了一个潜在的、连接民族主义政治圈和美国利己主义外交政策的中间人。不管实际作用有多少，随着蒋介石对美国的好感骤增，墨菲在国民党人心目中的地位对他本人是有利的。南京城市建设的序幕中，与范文照、赵深设计的励志社、铁道部和俄国建筑师耶郎(上海协隆洋行，A. J. Yaron, Architects)设计的交通部相比，阵亡将士公墓是具有独特性、纪念性的国家级重大项目。

即便如此，1933年4月首都建设委员会正式予以裁撤前，各院部会社机关新建建筑，基本延续了“墨氏”的成熟设计模式和造型效果，有些直接

---

① 王正廷(1882—1961)，浙江奉化人，蒋宋婚礼的男方证婚人之一。1910年毕业于耶鲁大学法律系后，留耶鲁大学研究院深造。时任南京国民政府外交部长、国民党中央政治会议委员、国民党中央执行委员等职。“九一八”事变后无辜遭学生痛打，被迫辞职，转而致力于体育事业，被誉为“中国奥运之父”。

是墨菲助手“弟子”们的作品。1930年10月,《蒋主席拟借陵园小红山建筑别墅案》通过了孙科主持的陵园委员会批准,很恶趣味地把“美龄宫”建在了墨菲中央政治区方案中,象征“党权高于一切”的中央党部位置。抗战胜利后,蒋介石为自己选中的墓地(正气亭),也位于该方案中轴线的北延线上。

1930年代初,由于担心日本的军事攻击,行政机构分散在整个南京城内,中央政治区集中建设的想法都被搁置下来。1931年底,源于美国的经济大萧条终于波及中国,对工业、农业造成持续破坏,国内阶级矛盾恶化,党内宗派主义加剧,腐败、动乱及拙劣的决策,使得原本就濒临崩溃的财政雪上加霜,大部分政府建筑都未能按时竣工。《首都计划》中最瞩目的国民党中央总部就从未开工建设过。

资产阶级的妥协性使得南京政府在许多决策和行动上,可坚定隐忍而缺少杀伐决断,民主革命新旧交替之际,欲求左右逢源却不得不缠足行绌。自《首都计划》到《城市建设》,虽然“黄金十年”[①]文治武功政绩斐然,但其间制度不稳、政令不达,天灾人祸、步步为艰,在外有强邻日苏环伺觊觎、内生世界革命变革趋势之下,终究动摇国器。

1937年8月15日开始,日军对南京实施“无差别级轰炸”,沦陷后近90%的城市建筑遭到破坏,并制造了震惊中外的南京大屠杀。汪伪政权时期,城市规划一直处于停滞状态,建设行为也仅限于修复战时遭破坏的道路和房屋。自1927年4月国民政府在南京定都以来所有的建设成果几乎被毁灭殆尽。

两个多月前,1937年6月1日,是南京建都10周年纪念日。从这天起举行了3天盛大的庆祝活动。虽然《首都计划》仅仅实施了不到四成,美联社记者爱泼斯坦(Israel Epstein)[②],把当年的南京比喻成一座带普鲁士色彩的府邸,一个气势非凡的新首都:“在这里,林荫大道,新辟而拆除了许多陈旧的房屋和酒店;宏伟的建筑,接连着拔地而起。政府的小汽车,

① “黄金十年”(Golden Decade)又称南京十年、十年建设,是指1927—1937年间建都于南京的国民政府执政的时期。中华民国在政治、外交、军事、经济、文化、教育、社会、边疆民族政策等施政各方面皆取得了一定成就,整体为近代中国较高水平。

② 伊斯雷尔·爱泼斯坦(1915—2005),又名艾培,1957年加入中国籍。1964年加入中国共产党。

沿着明亮的柏油路疾驰而过；官场上的政客一个个佩戴徽章，身着长袍马褂或是时髦的翻毛皮领上衣，堂皇地出席这样或那样的会议。威武的军官们配挂着颁赠的短剑，无忧无虑的年轻飞行员们穿着皮夹克，而神气活现的商人们，则满身的美国名牌衣服……”

五、留给中国的遗产（1935—1948）

他从未因适应性复兴的工作而变得富有，毕生完成半中半美的事业，事了拂衣去，杳无功与名。我们却无法漠视墨菲作品与1930年后中国建筑师创作的沿承印记，他的观点和实践在那个年代曾经遍地开花，影响全国。作为一个美国建筑师愕然而退，是他的执着传承、务实求真，还是设计手法或半调子复兴理论被留在中国，到如今也许只剩下了植根于中国土壤的建筑，以及一些故纸堆和故人旧事。

1. 落幕之后的最终离去

1935年5月，墨菲的50多位同行，其中大多数是中国人，应邀参加了陶桂林为他举行的告别宴会（图57）。墨菲致词说，自己实现了在中国的两大任务：成为一名负责任的建筑师和对中国建筑进行研究。他详细地

图57 告别宴会，墨菲坐正中，邬达克和哈沙德在他右边，中国同行和友人位列周边，摄于1935年

资料来源：《建筑月刊》，1935年第3期。

回顾了在中国的职业生涯，非常欣慰于创作了金陵女子大学、燕京大学和国军阵亡将士公墓等作品；他有幸结识了许多建筑师朋友并学到了很多，他深信中国的建筑设计正在取得突破性进展。但是他已经累了，年近60，需要回到自己的祖国，相信他的朋友们都可以理解。几天之后的6月底，墨菲去往纽约，陶桂林帮他支付了最后一次的单程船资。

早前的两年，墨菲赶回南京，除了对首都建设可能展开的项目表示关注，在途设计也都按部就班地推进着。岭南大学的学生宿舍楼——陆祐堂、教学实验楼——哲生堂1930年设计，次年完工；阵亡将士公墓最终定稿拖到1931年3月，其中，纪念馆的立面方案完成后，基础及结构详图的绘制一直延至1932年，墨菲会签设计审核；1932年10月，完成了山西太谷县的铭贤学校最终的校园规划，之前还设计了首期亭兰图书馆、嘉桂科学馆和男生宿舍等建筑方案草图，因战争隐患暂时停建。

墨菲的“弟子”们在这两年比老师活跃得多。1929年，上海市市中心区域建设委员会选定董大酉为首席建筑顾问；次年，董大酉又受聘主持新市府设计图案征求，邀请墨菲和书画家叶恭绰、市政府顾问工程师柏韵士(Hans Berents)少校一同参与遴选，评出第一名为赵深[①]、孙熙明合作设计图案，赵深是受过前同事李锦沛举荐并有过项目合作的建筑师，第三名为墨菲前分公司经理费力伯的参赛作品，李锦沛获佳作奖。董大酉整合设计后，最终敲定了市府新厦的建筑方案，墨菲的阵亡将士公墓设计也逐步由他接手收尾工作。

除了曾受雇于墨菲事务所的建筑师，一些与之有过工作往来的中国同行也在他的提携下走向舞台。岭南大学的哲生堂由黄玉瑜参与协同设计，次年，同期的第三幢建筑，女生宿舍楼——广寒宫就转而委托给了这位广东籍华侨建筑师。

1930年前后，教会大学基本上都移交给中国人主持校务，校园建设大多完成且海外投资减少。1934年金陵女子大学图书馆兼行政楼等建筑完工交付后，墨菲的校园规划建筑业务全部结束。而中国第一代建筑师的

---

① 赵深(1898—1928)，1923年获宾夕法尼亚大学建筑学硕士学位。1926年与杨廷宝同赴欧洲考察建筑；1927年3月回国，在上海青年会建筑处任建筑师；1930年冬，自设赵深建筑事务所；1931年2月，与陈植合办赵深陈植建筑师事务所；1931年冬童寯加入，1932年将事务所改名为华盖建筑师事务所。

崛起，建筑范式的应用愈发成熟，特别是童寯外交部大楼的创新、杨廷宝的半城经典，使得墨菲的业务范围愈发狭窄。

留在中国的最后两年，墨菲过着闲散如寓公般的生活，1933年6月，他到一家房地产投资公司(Realty Investment Company)担任建筑顾问，负责开发土地上外国人住宅的设计。他在外滩附近租了一间公寓，拥有一艘舢板，喜欢和朋友一起航行。墨菲偶尔会去公司上班，只是拥有少量绘图员的小设计组对精力依然充沛的他来说太没有挑战性。1934年4月，他招收了一名新丁，并很快把他培养成自己的助手，负责10名绘图员，这个年轻人就是后来成为美国当代城市规划权威之一的埃德蒙·N·培根[1](Edmund Norwood Bacon)。

培根1933年刚毕业于康奈尔大学建筑系，"大萧条"时期，他拿着继承祖父的1000美元环游世界，10个月后抵达上海，因已身无分文而找了第一份工作。他在信中写到："到了周末，乘坐墨菲先生的船屋，前往苏州、杭州、普陀和南京(原文北平疑有误)，对中国进行了非同寻常、密切而深入的接触。在那些时候，我获得了一些最有价值的经验。"墨菲作为启蒙者，其对中国建筑与城市空间的价值思考，极大地影响了培根。

墨菲与在上海的其他外国建筑师没什么交往，与赵深、陶桂林等中国同行时常保持联系，赵、陶两人分别牵头的华盖建筑师事务所和馥记营造厂，在民国时期属于行业内最活跃的几个之一。但墨菲此时给友人们留下的深刻记忆变成了"慎言"之人，而不是过去面对项目时的舌灿莲花。中西兼顾的墨菲，长期往返中美且往来两国精英，游走于各类社交圈中，熟人不少而交心朋友也不多。1935年，中日双方开始进行全世界所瞩目的两国会谈，局势有所缓和，南京方面甚至计划重新启动中央政治区建设，山西铭贤学校孔祥熙捐建的两幢校舍马上就要开工[2]。但是他已经放下了，想家了，跨度21年、来华8次、累计停留近100个月的墨菲离别了中国。

---

① 埃德蒙·N·培根(1910—2005)，1949—1970年间，担任费城城市规划委员会(Philadelphia City Planning Commission)的执行主任。他的努力显著地影响了费城城市形态的发展，费城的例子也影响了整个美国的城市规划和政策。1964年，他出现在《时代》周刊封面，是迄今为止，唯一被这本杂志刊为封面人物的规划师。

② 1935年夏，委托天津基泰工程司重新开始设计。杨廷宝是当时基泰的合伙人和首席建筑师。

退休后的墨菲，投入到酷爱的帆船和摄影兴趣中。1947年，作为孔祥熙的“私人顾问建筑师”，墨菲陪同孔祥熙前往欧柏林，商议1933年芝加哥博览会上的热河金亭在该校重建事宜。次年10月1日，墨菲完成设计草图，但再次因经费不足而未能实施。这也许是墨菲最后的一个设计，以再现中国建筑传统形式的素志落幕。

2. 如何评价和认知墨菲

东西方的语言、文字和地域阻隔，常会导致两边的信息不相称，如同我们现在也没有查实明朝的Wan Ho(译为万户)是谁，也一直以为爱迪生论天才是说那百分之九十九的汗水。墨菲正处于全球震荡的两次大战期间，无数巨星闪耀，爆点刷屏。他的专业影响力在离家乡半个地球的中国，曾被误会为很高，例如，中国的传记作家在他离开的时候，称之为“美国杰出的建筑师之一”。其实，墨菲不过是把名字加上AIA——“美国建筑师协会”的首字母，去回避他在美国建筑界中默默无闻的现实；虽然，他的作品质量、数量和影响力堪比大师。而在中国，很多人会称道屏幕或图片上的贝聿铭，却不知道身边走过、流连或触摸过的建筑作者，只以为那是较新的“遗产”；我们也只能从蛛丝马迹中，去揣摩一个介于职业梯阶中级和顶级之间的外籍建筑师。

美国学者郭杰伟(Jeffrey William Cody)在专著《亨利 K. 墨菲：一位在中国的建筑师1914—1935》[①]中，除了记录墨菲在中国的建筑活动，还通过收集大量中美两地的文献资料，汇总了当时建筑类刊物对墨菲的报道。专著中整理的这些刊物分为三类：在中国出版的英文建筑期刊、中文建筑期刊，以及从大量传教士和其他类型刊物中挑选出来提及建筑思潮的部分。

按此归类，或许我们可以从侧面了解到国外和国内、专业和大众对墨

① 郭杰伟于1988年在同济大学交流，1989年以此论文获康奈尔大学博士学位，1993年赴香港中文大学，客座教授中国建筑史。

菲及其作品评价的共识和差异。

以英国同名建筑业出版物为蓝本,《字林西报》(North-China Daily News)星期附刊《北华捷报》(North-China Herald)出版的《纲要》(Compendium),是作为外国建筑商最新的参考资料,提供与土地有关的一般规定和技术信息的刊物。1924年刊登了墨菲,将其列入建筑师名录基本信息。

墨菲发表过论文的《中美工程师协会期刊》,还有两篇提到墨菲的文章。一篇于1930年刊出,表达了对墨菲设计独创性的尊重,尤其是在燕京大学博雅塔的构思;另一篇于1935年,由燕京大学建筑顾问之一冈恩(Charles Gunn)撰写,由于有不愉快的合作经历,文中只是一笔带过墨菲从事了20年的现代功能与中国形式结合的探索。

《中国建筑月刊》(China Builder)类期刊更倾向于报道时尚建筑趋势,他们的读者对象比较大众。1930—1931年,随着现代建筑运动影响至中国,对"国际式"的关注,以及现代功能融入传统形式的讨论在业内展开。这场如何适应中国建筑的广泛辩论,波及同时期的其他英文刊物,并衍生到城市规划建设的领域。许多文章中引用了南京、上海采用传统形式的具体建筑案例,但几乎很少提到墨菲的名字。只有早先的时事杂志,即时评论墨菲新作品和他的贡献,例如从1914年开始报道雅礼大学的《远东评论》(Far Eastern Review),1926年将他和监理翟伯放在东亚视野中评述,称他们为寻求新旧结合的人,"艺术上,他试图使新功能与旧形式相适应。在这些新艺术家中,最吸引人的莫过于东方(尤指中国和日本)的建筑师了,他开始反抗丑陋的、方形的西方盒子,这些盒子正导致东方古城变得难看"。

当然,在西方强势文化冲击的背景下,外国建筑师普遍感兴趣的,还是实用的、面广量大的"西式"建筑风格,或者前瞻性的、理性的"现代主义"新建筑实践,并不太关心与地域文化共生的"适应性"问题。直到二战后的恢复时期结束,才开始拾起这个话题,而在后现代主义的哲学倾向下,建筑的形式逻辑注重文化性的解构和重组,已不再是半个世纪前,墨菲等前辈所谋求的"承续型"形式再现。

中文建筑期刊在1932年后出现,是中国建筑师团体逐渐成熟的标志和对话语权的需求。与英文出版物相比,其类似之处在于都涉及广泛的建筑问题,《建筑月刊》(1932年首刊)较多关注上海当地承包商、工程师、建筑师和建筑商,及时了解可能影响其业务的最新项目和技术;《中国建筑》(1933年首刊)主要报道中国本土建筑师、事务所的作品和活动,刊印建筑思想、平立剖图和影像模型。

两大建筑期刊的出版时间都错过了墨菲职业生涯的高峰期,墨菲也错过了1930年代的大发展时期。中文期刊对继承"民族形式"的兴趣比外媒稍多一些,包括中国古代建筑考辨和传统风格建筑实践。墨菲被报道的数量依然非常有限,但他的影响力和重要性还是可以探寻到。

《建筑月刊》有两篇关于墨菲的报道,一是1934年的墨菲小传,二是1935年欢送墨菲返美的新闻。作为即时刊登新近落成建筑作品的杂志,报道过墨菲的前任分公司经理哈沙德和费力伯在内的十几位上海执业的外国建筑师作品,而且经常眷顾公和洋行、新瑞和洋行、德和洋行和马海洋行等[①]英国设计机构。在墨菲之前,也刊登过作品丰产的匈牙利籍建筑师邬达克(Laszlo Hudec)小传,高冷的墨菲虽无新作,却能得以传记之,则意味颇深。

《中国建筑》由中国建筑师学会创办,旨在为中国建筑师建立一个思想与学术论坛。第一任会长庄俊、续任董大西,都曾与墨菲共事,学会组织协办的建筑系科,也设立在墨菲设计的上海沪江大学内。但在1937年停刊前发行的29期中,任何外国建筑师的中国作品都会被省略,只有首刊对吕彦直的报道中,提到过一次墨菲。文章在颂扬吕彦直短暂而辉煌的职业生涯时,也介绍了墨菲作为他的雇主和建筑导师之一,提供了适应中国传统建筑的设计方法,有助于他的成长以及创作出受人景仰的作品。其实,早期涉及传统形式的建筑作品不可避免地受到先驱者墨菲的影响。

关于"国际式"的论调,中国第一代建筑师受欧美教育的熏陶,自然会通过媒体引介和传播西方现代建筑思潮。与英文出版物1930年代初的技术性辩论不同,1933—1934年,这种倾向在国内公众媒体上引发了现代化和民族性之争。《时事新报》和《申报》的建筑专刊持续刊登柯布西耶的著

---

① 公和洋行(Palmer & Turner Architects and Surveyors,即巴马丹拿集团)、新瑞和洋行(Davies, Brooke & Gran Architects)、德和洋行(Lester,Johnson & Morriss)、马海洋行(Spence Robinson & Partners),其合伙人与主要成员都是英籍建筑师。

作译文和国内的诠释与应用之后，强烈质疑“国际式”（也称“万国式”）的呼声渐起，如《申报》的《万国式建筑之商榷》驳《论万国式建筑》等。文中认为未来“绝不是世界大同的所谓万国式”，因为“建筑物除表现一种美术思想以外，同时还须合于地方风土人情”。学术争鸣有助于在新生的中国建筑师中引发更加尖锐的建筑意识思辨。

今天看来，这不过是东西方文化在不同发展速率下的一个即时性反差，民族信仰在国际化背景下，保守或革新，都不应该去绑架道德标准或谋求政治欺诈。作为个体表象，墨菲的选择是站在中国文化继承的角度，倾慕也好，苟合也罢，1928年，墨菲《建筑复兴在中国》一文中，写下了他为促进中国建筑复兴而进行的战斗。“我知道，这场战争一定会胜利；中国人自己会承担，也只有他们才能传承起整个中国建筑的复兴……没有什么比这更让我满意了……我发现的证据表明，年轻的中国建筑师已经开始旗帜鲜明的运动，他们手中掌握着自己国家的建筑未来，将这场复兴进行到底。”

墨菲可以称得上美国籍的中国建筑师，他创作中的价值实现，以及膨胀的社会责任感，到了后期完全切换为中国模式；墨菲是“中国传统建筑复兴”的先驱者，并非最早尝试但率先成功，中西合璧的建筑不再是别扭的、怪诞的，而是可以如此之美；墨菲也是探索中西方建筑文化的推动者，从他的中国雇员到最后的培根都从中获益，而这种趋势必将到来但可能会滞后。我们还看出，在中美之间，墨菲是两头不靠的独行者，他抓住了机遇，却没有稳定的行业人际网络；他是不折不扣的实干家，感性且不擅于总结，作品传世却不留名。

3. 民国建筑的新旧思变

“五四”运动十余年后，民族形式的期盼渐起，鲁迅《准风月谈·重三感旧》（1933）中写道：“近来有一句常谈，是‘旧瓶不能装新酒’。这其实是不正确的。旧瓶可以装新酒，新瓶也可以装旧酒。”这里的新与旧，说的是文学，建筑自然也不例外。

洋形式及其先进、科学的建筑体系，在近代中国社会的新陈代谢中，代表了摒弃旧时代的新事务。学习建筑的留学生回到国内，大部分面对业主需求，传播着学成的西式造法。1925年中山陵墓图案征选，让中国年轻建筑师展示出他们的存在。而“教会本土化”中，墨菲作品比司马的金陵大学、何士与古励志(Charles A. Coolidge)的北京协和医学院更胜一筹的整体协调体量和外观，给国民政府的形式诉求提供了一个参照，也给新丁们的执业技法提供了一种样式。这促成了1927年后首都南京大规模公共建筑的选型和发展，乃至示范全国。

墨菲在1920年代初开始，作为中国建筑复兴的主要倡导者而声名鹊起，这或许被误解为他正处于高峰而享受掌声，并迎向即将到来的民族形式创作高潮。但实际上，除却事务所经营上的挫折，燕京大学的实施过程中正值柯布西耶的《走向新建筑》发表，墨菲思考的是，新时代建筑表现形式的目标。1926年，他在《中国传统建筑之适应性变化》文中写道：“‘新瓶装旧酒’——一个巧妙的标题。一方面，表明了我们在燕京大学所取得的成就，那就是用新的钢筋混凝土结构建造了旧的中国建筑传统风格。但另一方面，这也许应被称作‘旧瓶新酒’——我想把对中国建筑的适应性改变，看作是营造一个传统环境，提供给诸如燕京等机构的中国新教育……我越深入地了解，就越体会到中国古代建筑匠人们传承下来的优秀古建筑的美丽、丰富和尊严，我更加确信，我们付出的所有时间、麻烦和费用都是值得的，我们正在努力将这一奇妙的艺术从单纯的考古学转化为今天真实的建筑，从而保护了中国乃至全世界的辉煌遗产。”

近代中国建筑的发展，伴随着中西方和新旧文化的交融、碰撞，泛称之的民国建筑，溯及清末第二次鸦片战争后，是重要的文史载体和表现。其繁多的形式，因南京的地域性和事件性脉络，而在此几乎都有所对应。西风东渐，参古酌今，建筑精英集汇于此，融南合北，存旧立新，艺术荟萃流溢至今。这些建筑不仅数量多、维度长，而且规格高、类型全，也是其他城市租界建筑无法比拟的。

清末至民国间，南京的西式建筑主要出现了殖民地外廊样式、古典式和乔治亚风格等。1912年后，城市逐步恢复并加快发展，以西式折衷主义建筑占主导。其中，罗马复兴风格庄严简洁、结构典雅，成为后来许多学校和机关的选择，如国立东南大学校园内的孟芳图书馆（现校办，1924，帕斯卡尔）[①]、生物馆（现中大院，1929，李宗侃），大礼堂（1931，公和洋行、卢毓骏），以及国民政府的门楼（1929，姚彬），甚至到了当代也有新品落成；乔治亚风格对称平衡，外观朴素，东南大学科学馆（现健雄院，1924，吕彦直）就归属此类。教会建筑中，圣保罗堂（1923）、基督教莫愁路堂（1927）、基督教青年会（1925）为古典式，基督教百年堂（1921）为文艺复兴式，金陵神学院（1921，齐兆昌）为混合式，明育女中（现中华中学劳动楼，1926）为现代式，而金陵大学、金陵女子大学两所教会大学选用的中国传统复兴式风格，获得了社会各界好评和关注。

1927—1937年是南京城市建设的爆发期。“中国固有形式”在《首都计划》的推动下全面铺开，与墨菲一脉相承的设计模式贯穿于10年之中。中山陵奉安大典后，陵园附属建筑（1929—1935）：藏经楼（卢树森）、光华亭（刘敦桢）、流徽榭（顾文钰）、音乐台（杨廷宝）、行健亭（赵深）、永慕庐（陈均沛）、仰止亭（刘敦桢）、正气亭（1947，杨廷宝）；中山陵周边建筑，包括阵亡将士公墓纪念馆、纪念塔和国民政府主席官邸（美龄宫，1931，赵志游）、中央体育场（现南京体育学院内，1931，杨廷宝）、陵园邮局（现民国邮政博物馆，1934，杨廷宝）等，建筑形制更考究，细部做法更精湛，种类式样更丰富，甚至音乐台、中央体育场等建造式样都极为经典。论及缘由，概集权之下不计人财物，同时，营造厂商通过墨菲、吕彦直等设计的项目重拾了官式作法建造技艺，中国建筑师群策群力，且具有天生的传统文化与沟通工匠的契合度。

前五六年，城内建筑，除国府华侨招待所（现江苏议事园，1933，范文照、赵深）、革命历史图书馆（现某部营房，1932，陵园工程组）沿用墨氏校园建筑样式外，其他机关用房，如铁道部（现解放军南京政治学院内，1929）、交通部（同上，1932）、励志社（现钟山宾馆内，1929）、考试院（现市委市政府，1931，卢毓骏）都采用了加强版，以及国立紫金山天文台（1931，杨廷宝）和北极阁气象台（1930，卢树森）的科技建构物皆悉力修饰。1934

① 以下括号内备注，依次为别名或现址用途，建设开工时间，建筑师或设计机构。

年后经费紧缩[①]，外交部(现省人大)被“摘掉帽子”，改为童寯设计的中式装饰艺术模式，即平面设计与立面构图基本采用现代建筑手法，糅合中国传统建筑的特点和细部[②]。之后，三青团中央团部大门(1935)、国民大会堂和国立美术陈列馆(现南京人民大会堂和省美术馆，1935，奚福泉)、国货银行南京分行(现南京市邮局新街口支局，1934，奚福泉)等皆如此了。杨廷宝设计的中央研究院(现中科院南京分院和江苏省科技厅，1931—1948)、中英庚款董事会(现南京市鼓楼区行政服务中心，1934)、中央大学医学院附属牙科医院(现东南大学金陵院，1936)、国民政府资源委员会(现南京工业大学内，1947)和童寯等的立法院、监察院(现军人俱乐部，1935)依然延续台基、屋身、屋顶的“三分”构成，但细部和材料进行了明显或极致的简化，只有重要如明故宫中央政治区内的国民党党史史料陈列馆(现中国第二历史档案馆，1935，杨廷宝)和国民党中央监察委(现东部战区陆军档案馆，1936，杨廷宝)华丽如初，国立北平故宫博物院南京分院保存库(现省昆剧院内，1936，华盖)须弥红台，中央博物院(1936，徐敬直，梁思成指导)的辽式佛殿形象，更将传统复兴推向了巅峰。

1933—1934年的新与旧，演变成墨菲曾经思辨过的现代性与民族性。第一代建筑师是“五四”运动的经历者，随着对传统建筑的认知逐渐深入，“赛先生”告诉他们在现代科技体系下：第一，中国传统的学理不科学；第二，中国传统建筑功用不科学；第三，中国传统建筑的结构、构造不科学。[③]1934年后引发的经济适用性的要求，加快了现代主义倾向的发展，“首先科学化而后美化”。例如范文照撰文对早年在中山陵设计方案中“掺杂中国格式”的折衷主义表示反省，对于那种“拿西方格式做屋体，拿中国格式做屋顶”的做法表示“尤深恶痛绝之”，呼吁“大家来纠正这种错误”，同他当年“全然守古”彻底决裂，并提倡“全然推新”、外部体型和立面反映内部空间特征的现代主义设计思想。其实，1931年杨廷宝设计中

---

① 1934年8月，美国政府突然宣布对白银实施“国有化”，对已深度融入世界贸易体系的中国和另一个银本位国家墨西哥，造成骤然打击。在外资银行和日本的推波助澜下，中国经济加剧恶化。

② 《中国建筑》杂志评价其“为首都之最合现代化建筑物之一；将吾国固有之建筑美术发挥无遗，且能使其切于实际，而于时代所要各点，无不处处具备，毫无各种不必需要之文饰等，致逊该大楼特具之简洁庄严”。

③ 赖德霖：《中国近代建筑史研究》，清华大学出版社，2007年版，第185页。

央医院和卫生部(现东部战区总医院)时,因前者功能要求高就采用了现代建筑手法,辅以中式细部和装饰;上海商业储蓄银行南京分行(现中国工商银行网点,1933)、中南银行南京分行(现交通银行网点,1936)也是带有西方文脉的现代建筑。彻底的现代主义设计在商业、银行建筑中一直有体现,如1932年的福昌饭店(赵深)和首都饭店(现华江饭店,童寯),1933年白下路的中国银行南京分行(现中国工商银行网点,陆谦受、吴景奇)。1935年后的现代建筑开始增多,1947年后占主导,包括形体组合的国际联欢社(现南京饭店内,1935,梁衍、杨廷宝)、砖构的中央地质调查所陈列室(现南京地质博物馆,1935,童寯)、包豪斯风格的美军顾问团公寓(AB大楼,现华东饭店,1935,童寯)、金陵兵工厂扩建新建厂房(1935)和南京招商局(现市港务局分局,1947,杨廷宝)、现代装饰艺术风格的大华大戏院(1935,杨廷宝)和留东同学会(1935),以及农林部、下关火车站改建(1947,杨廷宝)等。

与此同时,西式建筑的演绎依然存在。"罗马风"的中央陆军军官学校(现东部战区司令部内,1928,张谨农等)、联勤总部(仅存大门,1935)、国立中央政治大学门楼(1927)、交通银行南京分行(现中国工商银行网点,1932,缪凯伯),以及"希腊风"的司法院(仅存大门,1935)等都归为文艺复兴式;中央饭店(1929)和国府最高法院(现址杂院,1932,过养默)带有折衷主义的余韵。此外,还有日本神社(1939)、伊斯兰天山学会的异域格调,以及南京城内大量的故居公馆、住宅公寓、使馆洋楼等中小体量建筑和组群,姿态不一。

墨菲离开的时间,恰好重合了国内大规模传统复兴建设活动的落幕,这场建筑创作的浪潮近同朱光潜所言:"他们是用白话写旧诗,用新瓶装旧酒。"中国建筑传统复兴,在1949年后,再一次上演辉煌、停滞和转身的浮华历程。

4. 事务所的中国建筑师

1920年代起,学习建筑的留学生陆续归国,投身军政机关和创办建筑事务，至1930年前后，第一代中国建筑师逐渐崭露头角。据不完全统计，1937年前出国研习建筑学并归来的学生中，去美国的约37人、去欧洲的约10人、去日本的4人(刘敦桢是其中之一)。赴美庚款生为主流，其中宾夕法尼亚大学的人数最多，有范文照、赵深、杨廷宝、梁思成、陈植、童寯等约18人；其余约为伊利诺伊大学的庄俊等2人、康奈尔大学的吕彦直等2人、哥伦比亚大学的张光圻等3人、明尼苏达大学的董大酉等3人、密歇根大学的朱神康等4人、纽约大学的杨锡缪等2人、麻省理工学院的关颂声等3人，以及俄勒冈州立大学的刘福泰等。贝聿铭在1935年出国，先后在麻省理工学院和哈佛大学学习建筑，因二战爆发入伍留美。

1920年代对中国建筑设计的行业发展至关重要，诸如是否能迅速成长打破外国建筑师的垄断，是否能独有风格在国际领域占一席之地[①]。墨菲作为中国传统建筑的拥趸和践行者，与他们之间有着什么样的联系？又是否可以看出墨菲的印记？

中国留学生大多都有国外事务所实习或工作的经历，以谋求制图和设计的实操技能。但墨菲是在1918年设立上海分公司“茂旦洋行”后，刻意去寻找留学生名单上位列前茅的中国人，从事中国传统形式的建筑创作。无论是宾夕法尼亚大学还是哪一所学校，任何一位美国的建筑学教授都不曾表达过对中国建筑的关注。对于年轻的中国建筑师来说，他们是在墨菲的带领和监督下，凭借学院派功底和伊东忠太[②]的测绘稿和《清国北京皇城写真帖》，总结以往类似项目的经验和教训，开始新的研习和实践。

其中翘楚者，当为被称作中国“近现代建筑奠基人”的吕彦直(1894—1929)。他1918年毕业后，进入墨菲和丹纳建筑事务所的东方事业部，全程参与金陵女子大学和燕京大学首期项目设计。同时他还在墨菲的要求

---

① 大部分学成归来的年轻建筑师们，早期进行的都是西方古典或现代主义建筑创作，只有当中国建筑师走出自己的道路，才能走向世界。1957—1963年间，杨廷宝连任国际建筑师协会副主席。

② 伊东忠太(1867—1954)，日本著名建筑史学家。1901—1920年间六次到中国进行实地调查，1925—1931年撰写完成《支那建筑史》，1937年8月中译本《中国建筑史》初版，由陈清泉补译、梁思成校订。林徽因1932年《论中国古代建筑之几个特征》提炼总结于此著作，同时也激发了梁思成强烈的民族感情，以二人为代表的营造学社，1932—1940年间组织人力对现存中国古建筑进行系统的测绘和研究，在伊东忠太的工作基础上，1943年梁思成新的《中国建筑史》完稿。

下，整理绘制了大量北京故宫的建筑图案。1921年回国，调入上海分公司；1922年3月，在茂旦洋行关闭前近二年，因不满公司改组后的工作氛围而辞职。辞呈中，他赞扬了墨菲在金陵女子大学的工作，并表达了自己强烈的职业理想："用我的毕生之力"去与"不断出现的'买办'建筑师斗争，他们正在毁去我们大部分城市和农村的面貌"。

1921年3月，吕彦直协助过养默、黄锡霖创办东南建筑公司；1922年3月，与黄檀甫创办真裕公司（真裕地产股份有限公司）。由东南建筑公司承接的国立东南大学的部分设计委托中，吕彦直负责科学馆的设计和协调校园规划，杨锡缪[①]作为设计师也参与其中。1925年9月，中山陵墓图案评奖结果揭晓，遂对外宣布设立彦记建筑事务所（隶属真裕公司）；1927年4月，广州中山纪念堂设计再次获奖[②]，9月，吕彦直再次病倒，无法应邀参加广州的筹备会，于是委托黄檀甫为自己的全权代表。1928年，进行陵园范围内的国民革命军遗族学校校舍规划，因病改由朱葆初继续绘制详细建设图纸。同年，邀请李锦沛加入事务所，1929年3月病逝。之后南京中山陵一、二期竣工，同年6月，南京国民政府发布第472号褒扬令。1933年5月，广州中山纪念堂竣工。

此外，吕彦直与张光圻、庄俊、巫振英、范文照等，在1924年发起组织中国建筑师学会（初名上海建筑师学会），10月成立，吕彦直任副会长。1928年5月，任国民政府"大学院"艺术教育委员会委员，参与首都南京城市规划，遗稿《规划首都都市区图案大纲草案》。1927年"国立第四中山大学"（1928年4月改名为中央大学之前的过渡时期）成立中国第一个建筑系，原计划拟定吕彦直出任系主任，由于他工程繁忙和身体原因而改任刘福泰。

吕彦直的设计成就有目共睹，他在"民族形式"的创作方法上，主要是按照西方的构图原理，也称"语法"体系，将古典"建筑词汇"替代为中国构件，进行重新组合和审美判断。在设计经验上，从金陵女大校园建筑的斗拱与间柱偶错，到后来的日渐成熟，趋于臻美。

---

① 杨锡缪（1899—1978），1922年毕业进入东南建筑公司工作，1924年和同事黄元吉离职后，与钟铭玉合办凯泰建筑师事务所，1930年独立开业，并任《中国建筑》杂志发行人。

② 中山陵二奖范文照、三奖杨锡缪，赵深得名誉奖；中山纪念堂二奖杨锡缪、三奖范文照。

中山陵项目的续任李锦沛(1900—1968),美籍华人,1921—1922年于麻省理工学院和哥伦比亚大学建筑系进修。1923年入职墨菲/马起和韩林建筑事务所,参与燕京大学设计;同年,受美国基督教青年会派遣到中国,担任驻华青年会办事处副建筑师,协助主任建筑师亚当森(Arthur Q Adamson),负责包括南京在内的各地青年会会堂设计工作。

1927年,李锦沛在办事处筹建上海基督教青年会大楼时,推荐和杨廷宝游欧结束刚回国的赵深入职。不久,上海办建筑处因经费不足撤销,李锦沛便独立开业了,赵深也加入新创办的范文照建筑师事务所(赵深1930年离开,独立开业)。1928年,因彼此联系和责任关系,李锦沛邀请范文照建筑师事务所共同完成此项目。同年,李锦沛加入彦记建筑事务所,从旁协助繁杂的设计工程;1929年吕彦直病逝后,受孙中山葬事筹备委员会之聘,以彦沛记建筑事务所名义,继续南京中山陵、广州中山纪念堂工程的设计工作。1936—1937年间,还在中央大学建筑系任教。

在墨菲的设计团队中,李锦沛开始接触中国古典建筑;在基督教青年会的任职期间,设计采用简化的西方古典风格,并饰以中国传统细部元素,这种混搭风由于比较符合上海的“洋泾浜”时尚,后来在他的作品中也多次出现,包括混搭西班牙风情的华业公寓。独立执业后,设计的上海基督教青年会大楼是高层建筑中尝试传统复兴的折衷主义风格,大屋顶的飞檐、斗拱、琉璃瓦,深褐墙身、石质基座。进行中山陵后续工作期间,1930年,李锦沛还曾深度参与开尔斯[①](Francis Henry Kales)主持的国立武汉大学珞珈山校园总体规划和文学院、男子宿舍、学生饭厅的建筑设计[②]。整体校园规划设计与墨菲主持过的项目相比,尚有差距,在民族形式和空间营造方面做了很多探索,既有成功之处,也有失控之虞。仅以汉盛协营造厂[③]的自由发挥为例,宁波工匠对北方官式不甚了解,文学院等屋面飞檐做成了南式发戗,室内大梁和雀替装饰为宝葫三戟、蝠望铜钱,

---

① 开尔斯(1882—1979),1907年毕业于麻省理工学院建筑系。1925年参加中山陵设计竞赛获名誉奖第三名,1928年由李四光举荐,聘为武汉大学校园总设计师。1930年,因身体原因,邀请李锦沛作为合作建筑师。

② 参见刘文祥:《新民说·珞珈筑记:一座近代国立大学新校园的诞生》,广西师范大学出版社,2019年版。

③ 1908年由宁波鄞县人沈祝三在汉口创办,沈祝三废家兴学倾囊建造武汉大学,始终坚守施工现场。

更别有生趣的是，男生宿舍和学生饭厅的屋檐装饰性构件戗脊走兽，变成了五只哮天的小犬。（图58）

日本投降之后，李锦沛携家人回到纽约，工作不懈，将“中国风”引入美国。1951年起参与华埠（Chinatown）改造计划，为纽约华埠设计了大量中国风格的各类建筑。1968年去世后，《中美时报》头版标题简洁地总结了他的一生：“建筑师李锦沛为两种文化搭设了桥梁。”

图58　武汉大学建筑细部

拥有建筑与城市设计双学历的董大酉（1899—1973），在1927年美术考古学博士毕业后入职。1928年，他回国并参与国军阵亡将士公墓设计，与前同事费力伯、庄俊有过合作的迹象。1930年独立开业，继续与墨菲合作南京项目，并且由墨菲提携，开始与费力伯共同设计大夏大学[①]群贤堂。

1928年，董大酉经庄俊介绍加入中国建筑师学会，次年被推选为会长，并由墨菲推荐，出任“大上海计划”首席建筑顾问。1930年，又被聘为上海市中心区域建设委员会顾问，兼任委员会下设建筑师办事处的主任建筑师。1930—1936年计划实施期间，董大酉负责中心区大型公共建筑的设计、监理等事宜，完成上海市政府新厦、图书馆、博物馆、（江湾）体育场、中国航空协会飞机楼等重要建筑。同时，南京《首都计划》的建设他也参议其中，设计了南京中央地政学院、南京中央警官学校（1937年被毁）等，1947年任南京市都市计划委员会委员兼计划处处长，主持战后改建房项目。

一系列“中国固有形式”意识下的公共建筑设计，使得董大酉成为中

① 大夏大学（The Great China University），是1924年因学潮从厦门大学脱离出来的师生，在上海发起建立的综合性私立大学，初名“大厦”即“厦大”之颠倒，后取“光大华夏”之意。1951年秋，其文、理、教育学科与光华大学相应系科合并成立华东师范大学。

国建筑复兴的主将之一。但他的创作理念并非一成不变,初期的市府和场馆设计,飞檐大顶、梁枋藻井,充分展现出中国古典宫殿建筑的特征,后来的市立第一医院和“飞机楼”,已是兼具实用与美观的现代风格,辅以内外饰的传统纹饰符号。1935年建成的自宅,更透露出董大酉内心对柯布西耶新建筑的认同和情感释放,是一个现代主义的成熟之作,可惜毁于1990年代初的建设大潮。

1949年后,董大酉参加设计院工作。1951年奔赴陕西,先后任西北(公营)永茂建筑公司、西北建筑工程公司总工程师,主持了西安新城广场规划和军医大学等项目;1955年、1956年,任北京公用建筑设计院、建设部民用建筑设计院总工程师;1957年,随团出访苏联、罗马尼亚,回国后不久调任天津民用建筑设计院总工程师;1963年,回到家乡杭州,任浙江省工业建筑设计院顾问总工程师,受省委书记接见。1973年去世,3年后夫人卢育宝吞药。1950—1960年代,董大酉一度与梁思成齐名。

庄俊(1888—1990)不是墨菲聘用的建筑师,他是清华学校的讲师兼驻校建筑师。1914年毕业后,他被清华学校电召回国参与扩建工程,专门委派为墨菲的助手,配合校区建设规划和部分设计工作,并且监造了大礼堂、图书馆、科学馆、体育馆等建筑。校园建设完成后,由于清华学校没有建筑系科,作为中国第一位获得建筑工程学位和获得“建筑师”职称及职务的人,庄俊只能担任部分英语教学工作。1923年,他受学校派遣去哥伦比亚大学进修考察,次年回国后辞职,1925年独立开业,直到新中国成立。没有迹象表明,清华学校项目结束后,庄俊与墨菲之间有任何交集。庄俊关注中国建筑师学会事务,多次被推举为会长,他的创作高峰也是在1930年代中期,此时,墨菲已经离开中国。

1949年庄俊应邀前往北京参加新首都建设,受总理接见和勉励,成为第一个国营建筑设计机构——交通部华北建筑工程公司的总工程师。北京工作5年后,由于年龄原因调回上海休养,直到1958年离休。他休养期间潜心编撰了《英汉建筑工程名词》一书。

墨菲的事务所,无论是纽约总部,还是茂旦洋行里,都曾有为数不少的中国建筑师、工程师任职,有些已无从查考,有些名声不显。虽然不如上述几位建筑大师功成名就、硕果累累,但他们也在各自的层级和岗位上,为中国传统建筑的复兴添砖加瓦。

5.《首都计划》的深远影响

《首都计划》的系统性和先进性,在全国性城市管理和重建的浪潮中,成为指导各地规划工作的标杆和方向,甚至影响到了1949年后的北京首都建设。

墨菲的专家团抵达南京后不久,转为直辖于南京国民政府的武汉特别市(后改为汉口特别市、汉口市),就开始推动城市规划及重建工作,包括测量、调查、规划、设计和施工等。1929年6月,发表市政府总工程师张斐然的《武汉特别市之设计方针》和董修甲任工务局局长时制订的《武汉特别市工务计划大纲》;1930年7月,市政府工务科制定《汉口市分区计划》,陈克明任汉口市工务局局长后调整《汉口旧市区街道改良计划》;1936年6月,以技正高凌美(后任伪市政府工务局局长)署名发表的计划概说为蓝本,制定《汉口市都市计划书》。

武汉规划是第一次完全在中国专家(包括市长刘文岛、继任吴国桢①)的努力下,编制的综合性城市规划。市府权力更迭频繁,一系列规划内容冗杂,且有部分“实验”特征,但其主旨仍十分明确。“市政权威”董修甲的《计划大纲》为最初理论性规划框架,与《首都计划》同在1929年启动和完成,前后只用了两三个月,因缺乏详实的研究基础,仓促拟定而过于粗略。1930年3月,改任市政府参事的董修甲前往南京等地调查,收集市政报告等大量资料以参考,斧正后续规划。虽然武汉三镇的空间形态特征性较强,发展程度和租界状况也与南京不同,但规划核心内容的深化和拓展,有不少契合和借鉴《首都计划》之处。

其一是分区规划的确定和细化,董修甲1921年获加州大学洛杉矶分校市政管理硕士学位,他推荐的是加州的分区条例,但只是简略地做了功

① 刘文岛(1893—1967)1929年4月上任之时,即表示“志愿是在市政,对于市政极有兴趣”。南京国民政府十年建设时期,谈到南京、上海、广州、汉口四个特别市的市长人选时,冯秉坤指出:“市长一席,非必市政专家方可充任。凡具有高深学识,隆厚资望,目光远大,操守严明,能够驾驭其僚属,均可为之。”

能定位和划分；其二是交通系统，在城市道路系统梳理的基础上，强调区域交通网建设和水运、铁路、机场枢纽的布局；其三是公园系统，包括自然公园、通气草地和连接的公园道，与南京相同，参考美国的城市公园系统；其四是建筑风貌，武汉“九省通衢”，开埠较早，领馆和租界设立较多，以西方古典形式为建筑主导，1929年后开始逐步贯彻“中国固有之形式”。

国民政府建设首都南京的同时，也准备建设京（宁）沪线另一头的新上海市，打破上海公共租界与法租界垄断城市中心的局面①。1929年7月，上海特别市政府确定江湾地区为新市区选址；8月，参照南京设立“上海市市中心区域建设委员会”，董大西任首席建筑顾问，他曾在明尼苏达大学攻读城市设计硕士。1930年5月，市中心区域建设委员会首先编制了《市中心区域计划草图》及《计划概要》，随后，《建设上海市市中心区域计划书》《上海市分区计划》《上海市道路计划》《新商港计划》《黄浦江虬江码头计划》等相继出台，所有这些规划统称为“大上海计划”，共分10编。

新上海规划“可收平地建设之功，而无改造旧市区之烦”，是中国近现代第一个实施了的新城规划。“大上海计划”的内容直接参考《首都计划》，包括概述史地情况、相关统计和调查数据，中心区域、交通运输、一期建设、园林空地、公用事业、卫生设施等方面规划，以及相应法规制定。

计划中的行政区，也与《首都计划》录入的中央政治区方案相似（图59、图60）。南北向拉丁十字构图，轴线交点立高塔，开放空间为草坪广场；市政府居中，再北建中山纪念堂成为端点，分列各局，和图书馆、博物院等其他公共建筑拱卫左右；建筑采用“中国古典宫殿式”风格，寻求整体轮廓的和谐和壮丽。行政区周边布置住宅区，路网为棋盘式辅以斜向短街，与1930年4月孙科提交的易址明故宫中央政治区方案思路一致。中心区整体结构较为均衡，穿插绿楔和若干放射型道路，但由于缺乏足够的专业经验，路网布局和地块划分尚显凌乱复杂和自行其是。

① 孙中山《建国方略·实业计划》中指出上海畸形发展的危害，并简述了华界大致的发展纲要。1927年7月，上海特别市政府成立，蒋介石莅临典礼现场并发言：“上海特别市非普通都市可比……若上海特别市不能整理，则中国军事、经济、交通等问题，即不能有头绪。”

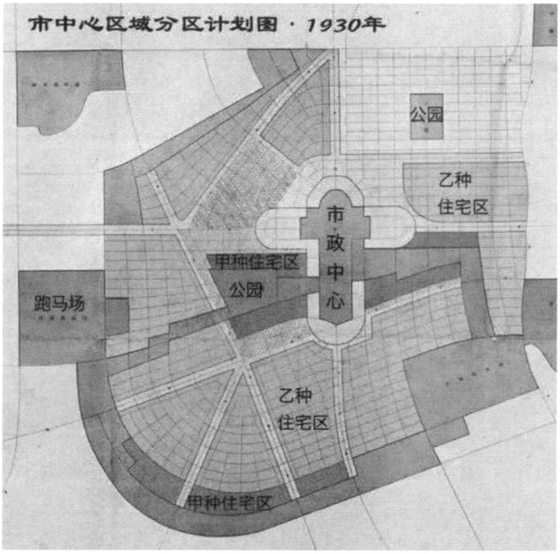

图59　新上海市中心区域分区计划图,1930年

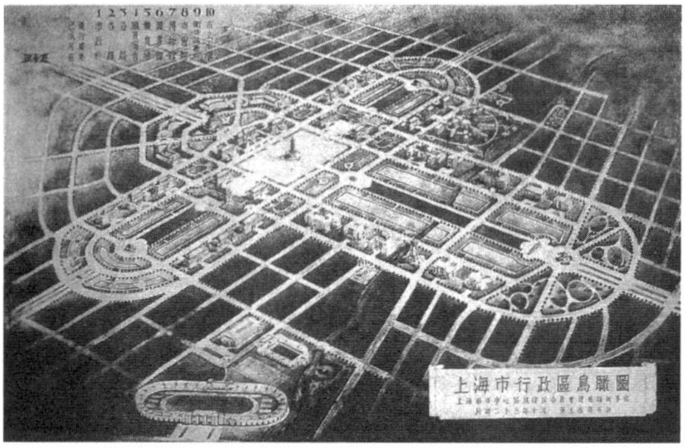

图60　上海行政区鸟瞰图

在《首都计划》和“大上海计划”的直接影响下,1930年,天津市政府登报征选《天津特别市物质建设方案》。梁思成和市政专家张锐[①]合作提交的方案获一等奖(图61),是天津近现代史上第一部城市总体规划,也是《首都计划》正式公布后,以之为摹本的规划,但未能继续深化和实施。

---

①　张锐,哈佛大学市政管理系硕士毕业,时任市政府第四科(负责城市市政建设)科长,后任市政府秘书、南开大学市政讲师。著有《比较市政府》《市行政原理与技术初稿》等专著,主张“专家治市”。其父张鸣岐为清末两广总督,张锐为长子;弟张铸留美归国,乃中科院院士、中国高能化学激光的奠基者张存浩之父;弟张镈曾主持设计人民大会堂、北京饭店等知名建筑,获国家“建筑大师”称号;妹张锦是北京大学教授、有机化学家,其丈夫是中科院院士、物理化学家傅鹰;另有一弟张钧、一妹张钿。

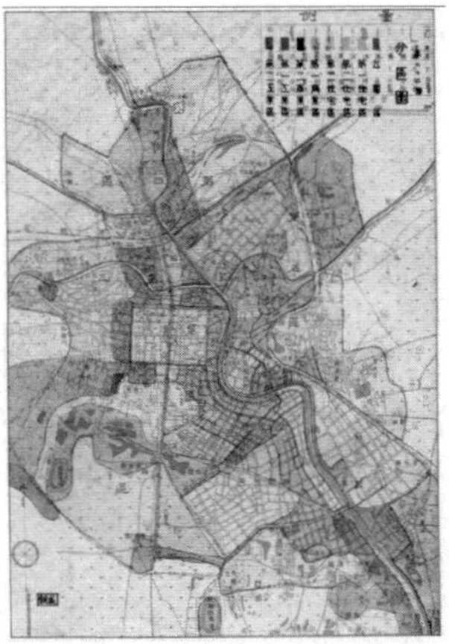

图61　梁思成、张锐《天津特别市物质建设方案》规划图

梁、张的方案设计，常以《首都计划》为"心目中的对象"，提交成果的编制体例和主要规划手段，包括分区、土地控制、市政规划、城市设计和公共建筑提案等，都沿用《首都计划》的原则和工程标准。而且，梁思成之前没有城市规划的专业学习和实践经历，这次工作很有可能成为他规划思想和方法的一个突破。

结合天津当时的状况，张锐从区域规划层面，提出市县合并；从城市管理角度，强调了吏治改革和收回租界；从运营计划方面，完善了税征、公债和租税制度等三大措施。规划确定中心行政区选在现址周边地区后，并没有进一步的详细布局，而直接罗列各类公共建筑。在"形式之选择"上，梁思成摆脱了南京规划的政治性诉求，采用"新式中国建筑"和"新派实用建筑"两种类型，后者所展示的绘制图样，可以发现当时许多种流派的风格，包括现代主义、折衷主义，以及今天仍流行的装饰艺术(Art Deco)风格。规划中还试验了"最新式的、最进步的、最适用的"六边形(蜂窝状)路网，将加拿大工程师柯雄(Noulan Cauchon)的"六角形街道分段图"移植在新区规划中。这种源于中心地理论(Central Place Theory)的微观畅想，也只能让人感到"不明觉厉"了。

1949年1月底解放军和平进驻北京，5月成立新的都市计划委员会，邀请国内各知名专家，共同谋划社会主义新首都建设。北京在1937—1945年沦陷期间，由佐藤俊久与山崎桂主持编制了《北京都市计划大纲》，伪建设总署1940年开始进行了部分实施；战后的1947年，北平都市计划委员会在此基础上做了调整完善。因此，北京已具有较为先进、合理的城市规划脚本，“西郊新市区”17.7平方公里一期用地也有了一定的建设基础。与南京建都时相比，客观条件要好得多，面临的首要焦点问题，还是城市升格后的中央行政中心区选址。

“西郊新市区”是为疏散旧城而定位的综合新城，中央最初希望在此布局行政中心区，并授权梁思成牵头设计。1949年底，巴兰尼克夫和阿布拉莫夫等苏联专家的报告中，否定了这个选择，提出按照莫斯科的经验，以经济可行为重，建设与整治并行，将行政中心区放在旧城内。其他各城市功能区环伺周边，既紧密联系，又避开古都文物。此方案遭到梁思成等中国专家反对，他们认为旧城系统完整，无法插入中央行政职能。1950年2月，梁思成与陈占祥联合推出“梁陈方案”（图62），建议在旧城和“西郊新市区”之间，另辟独立的行政中心区，与产业、文化等功能区组团式发展。之后，朱兆雪和赵冬日的《对首都建设计划的意见》全面跟随巴氏方案，华南圭等也开始表示旧城不必全保，肢解也许更合理。

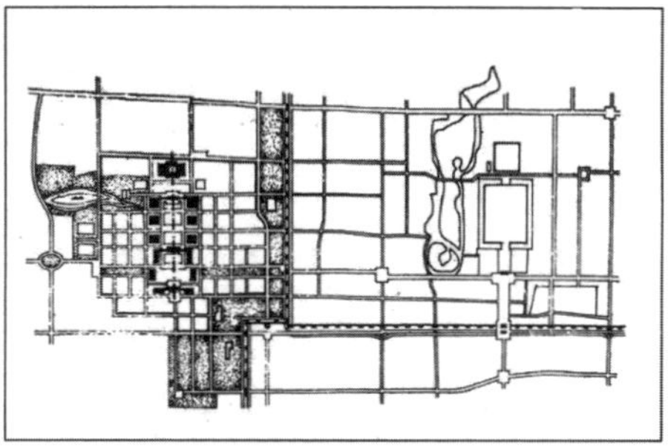

图62　梁思成、陈占祥方案中的“新行政中心与旧城的关系”图

资料来源：北京市城市档案馆编：《北京市建设规划篇》第二卷《城市规划1949—1995》（上册）。

事后而论，巴兰尼克夫等与墨菲的顾问心态不同：一个是俯视的指导者，没有也不需要了解中国文化；一个是平等的协助者，对中国尤其是传统文化具有一定的感情。苏联专家的方案如同一场外科手术，合理而冰冷。朱兆雪等与墨菲的价值标准不同，朱、华二人专业为土木工程，赵也说过自己之前没有太多建筑创作的经验。许多人在畅议发言“精华与糟粕”时的语境更普世，他们眼中的旧城里有太多司空见惯、可以拾掇的零碎，前章也提到“拆墙派”一直有支持者。梁思成等与墨菲的经验阅历不同,世家子的人文情怀使他可以坚定地去践行理想,“梁陈方案”中保古城与建新区其实是两个不同的决策;结果看似与《首都计划》颇为相同,但在南京,善于协调磨合的墨菲没有他选,在北京,可能还有一个妥协——“西郊新市区”。相隔20年的两场建都,经济条件和军事保卫都是重要限制因素,面对新社会发展的慎重和徘徊,城市规划决策甚至都是悬而待定[①],国家财力也同样无法支持新区建设。“一边倒”之后,梁已开始接受改建方案,1953年访苏时,曾盛赞莫斯科总体规划是“一个划时代的历史文件”。

回过头来,再看一下“梁陈方案”的新区构想,这个被认为没有研判全局的理想方案,或许是出于对“西郊新市区”的嫌弃,二人都先后表示过日本人的规划“差不多全无是处”。梁思成是1947年参加联合国总部设计,与柯布西耶工作交流后,开始推崇“光辉城市”的功能主义规划原则,否定了已经建设的,我们今天看来促进社区活力的,诸如小街区、密路网、商住兼容和功能混合。陈占祥[②]是1946—1948年间,与娄道信合作完成南京《首都政治区计划总图》(图63),即明故宫中央政治区战后修订版的规划者。不苟于改建的妥协,他说服了梁思成,将最理想的、源于紫金山南麓的轴线格局、空间序列、建筑形式、交通组织和开敞空间等理念重现在新的首都方案中。

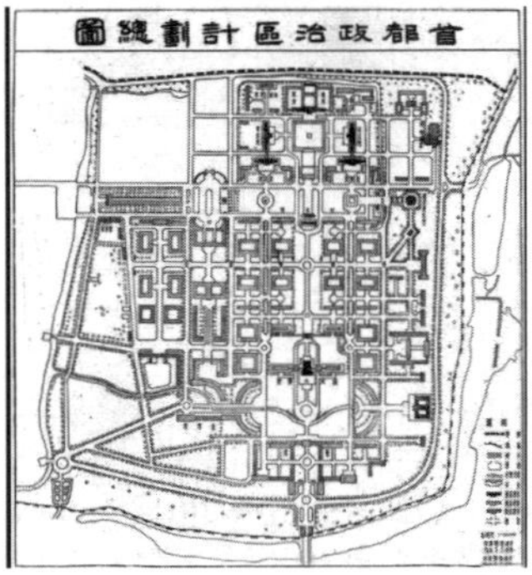

图63　陈占祥、娄道信《首都政治区计划总图》规划,1948年

资料来源:《公共工程专刊》1948年2期。

① 1953年,北京市上报《改建与扩建北京市规划草案的要点》,因意见不统一,未获中央批准;但第一个“五年计划”期间,首都的建设在此草案指导下进行,初步形成市中心区的骨架和城市布局轮廓。

② 陈占祥(1916—2001),1944年获英国利物浦大学都市计划硕士学位,以董大西为榜样,选择终身职业建筑学。1946年受国民政府邀聘主持北平城市规划工作,毅然放弃博士学业,回国后被留在南京,任内务部营造司技正,兼中央大学建筑系教授;1949年收到梁思成邀请信,前往北京。

6. 传统特色复兴的后续

潘谷西《中国建筑史》第四版(2001)之后,将中国大陆1949年以来的建筑历史划分,试称为自律时期和开放时期,并细分了1978年前的4个发展阶段。如果按其断代顺延至今,粗略简化70年沉浮,城市规划与城市建设历经:恢复期,百废初兴到探索复兴(1949—1959);停滞期,设计革命与全面倒退(1960—1978);增长期,改革开放的百花齐现(1979—2001);成熟期,经济腾飞下两极分野(2001年至今)。

恢复期为了迅速完成工业社会的建设与积累,城市建设含建筑设计都处于集中统一的管控之下。民族主义的呼声与老大哥苏联文艺创作的指导原则合拍,"适用、经济、在可能的条件下注意美观"的设计方针与矫饰作风并存,新一轮的历史主义传统复兴建筑走向巅峰。与南京十年建设时期相比,1950年代包括国庆工程在内的作品,创作手法更为老练,建筑技术和建造工艺有很大提升,举国之力的标志性建筑更宏大、充满激情并蕴含英雄主义观。建筑形式同样多发掘于清官式建筑的传统要素,纯粹的宫殿化复古已很少出现,如张嘉德设计西南大会堂(现重庆人民大会堂)的三重檐攒尖顶礼堂(祈年殿鎏金宝顶型式)也嫁接在横向建筑体量上;西式古典折衷与装饰艺术依然存在,如赵冬日等设计的全国政协礼堂、人民大会堂方案。此外,融合地方民居建筑、伊斯兰教风格、蒙古文脉图案等创作创新不断涌现,"国际式"现代主义是作为帝国主义、资产阶级对手的建筑语言而加以批判。

中国第一代建筑师近20年的实践经验、第二代国内培养的本土建筑教育熏陶,使得他们能够娴熟面对当时的风格要求,建筑设计的方法从古典"语汇"转译、混搭与折衷到传统重构再现。如果我们把近现代中国建筑的历史发展贯通来看,这三种手法和时间规律性与西方建筑发展的"三部曲"有极为相似之处。不同的是早期西方建筑师和建筑思潮的介入,折衷主义率先出现,不是新旧样式交织,而是东西文化融合;古典主义在之后,于中国传统建筑的发掘和纪念性建筑的彰显中,呈现特定时期和特定目标。这个过程中，墨菲的影响最为显著，他创作的作品，成为中国第一代建筑师本土化的土壤，我们不能说他开创，但至少是加速和主导了开场。

由于夹杂着西方不同文化、流派的干扰，折衷主义在中国的持续时间长、表现类型多样。混搭式和装饰艺术风格，常常成为现代功能与传统形式不好协调，或造价过于昂贵时的应对，这往往出现在大型公共建筑物上。其中，希望在现代建筑理性中，糅合中国传统元素感性特征的作法，恰好吻合了西方后现代主义的宗旨，例如梁思成、林徽因的设计，北京仁立公司的立面，仿佛穿越了半个世纪的作品。以建筑的功能性和实用主义为目标的前提下，包括中国大陆和台湾地区，成功的创作主要依靠“手头功夫”，杨廷宝、董大酉等和张镈、陈登鳌等一、二代建筑师的设计造诣，梁思成、刘敦桢等对中国建筑史物的研究深度，已远胜当年。现代主义建筑被遏制或分异状况下，凭借长期积累和美学素养，中国建筑的继承形成了自己的流派。华东航空学院主教学楼（现址在南京农业大学内）、南京工学院五四楼等不在政治视野焦点的建筑，组合与重构传统意韵；台湾大学农业陈列馆的空间流动和材料建构，被称为“现代中国建筑胚胎”。

开放时期，禁锢的藩篱渐渐解体，而外国建筑师和新技术又一下子涌入中国大陆。与近百年前相比，不再是当初来远东的冒险家和传教士，移植“外廊样式”、西方形式的搬运工或实践中西合璧的“边缘”角色。与贝聿铭、波特曼（John Portman）等建筑大师和美国SOM等知名事务所的交流与碰撞，让中国1949年后和恢复高考后培养的建筑师们接轨国际。但除了贝聿铭的中国情节外，没有哪个外国建筑师如同墨菲一样扎根中国，喜爱中国。大多数是因1990年代后国际建筑市场低沉，境外设计机构、事务所伴随着发达、先进的技术倾轧而促成的商业行为。面对缤纷的输入成品、厚重的理论学说，中国建筑师们更擅长用手法去分析、解决现实中迅速增长的需求问题，建筑设计爆发出极其多元化的现象。中国特色的探索依然前行，既有戴念慈的曲阜阙里宾舍，杨廷宝、齐康的雨花台烈士纪念馆等延续和发扬，也有梅园新村纪念馆和新疆新地方主义建筑等的现代主义突破。

新世纪以来，中国加快融入世界经济体系，如建筑师张永和所言：“当代的中国建筑会成为全球设计话语体系中的重要参考。”一方面，境外大师的建筑作品已非迥异的“洋玩意”，它们正融入城市背景，矶崎新、妹岛和世等一系列作品，扎哈(Zaha Hadid)的广州大剧院、北京银河SOHO和南京青奥中心等地标建筑，都化作都市魅力的构成，也是中国城市接轨国际的一种现象；隈研吾的成都道教文化博物馆等，也在表达对中国文化的探寻和求索。另一方面，中国建筑师“已经从最初对设计技术的模仿，发展到基于自身社会与文化的设计”。有人说“中国是外国建筑师的试验场”，建筑师刘家琨认为，不仅如此，“对国内的建筑师来说也是一个试验场”，新建筑的道路上，充满着试验。这场试验中，现代建筑的传统继承，不再孤立地转译形制或样式，中国古建筑已成为一个专门的学科方向。这场试验中，中国大陆和台湾地区的建筑大师们，创作了本土文化意韵的中国特色设计；那些不是大师级别的建筑师们，有很多正在抵御着资本社会的商品化、低俗化设计趋势。这场试验中，中国新生代建筑师王澍获得了普利兹克奖，中国设计谋求搭上工程建设企业的顺风车“走出去”，中国建筑学高等教育迎向学术前沿，2017年，东南大学建筑国际化示范学院在南京成立。

参考文献

陈景盘:《中国近代教育史》,人民教育出版社,1983年版。

金以林:《近代中国大学研究1895—1949》,中央文献出版社,2000年版。

国都设计技术专员办事处编,王宇新、明发点校:《首都计划》,南京出版社,2006年版。

张燕 主编:《南京民国建筑艺术》,江苏科技出版社,2009年版。

董黎:《中国教会大学建筑史研究》,科学出版社,2010年版。

[美] 查尔斯·马斯格罗夫 著,曲丹 朱彦 译,任云兰 校:《构筑梦想——1927—1937年南京建都经过》,《城市史研究》,2005年第0期。

周建民:《从建筑档案看中山陵建筑》,《中国名城》,2010年第9期。

马晓、周学鹰、鄢增华、苏艳萍:《国民革命阵亡将士公墓建筑规划意匠》,《建筑与文化》,2013年第1期。

朱涛:《阅读梁思成之七 梁思成的城市规划思想综述:1930—1949》,《时代建筑》2013年第4期。

朱涛:《阅读梁思成之八 “梁陈方案”:两部国都史的总结与终结》,《时代建筑》2013年第5期。

苏艳萍、鄢增华:《南京的国民革命军阵亡将士公墓》,《档案与建设》,2013年第10期。

夏舒洋:《政权纷争视野下的国民政府〈首都计划〉》,《赤峰学院学报(汉文哲学社会科学版)》,2015年第7期。

史悦:《南京灵谷寺松风阁建筑研究》,《城市建筑》,2016年第35期。

王俊雄:《国民政府时期南京首都计画之研究》,台湾成功大学2002年博士学位论文。

傅舒兰:《江苏近代建筑之魂——江苏近代建筑国保单位评析》,东南大学2007年硕士学位论文。

方雪:《墨菲在近代中国的建筑活动》,清华大学2010年硕士学位论文。

Jeffrey William Cody. Henry K. Murphy, an American architect in China, 1914-1935: Ph. D. Graduate School of Cornell University, 1989

墨菲在南京期间工作联系人物表

德本康夫人(Matilda Thurston,1875—1958)

长沙雅礼大学教师(1906—1911)
金陵女子大学首任校长(1913—1927)

包文(A.J. Bowen,1862—1944)

汇文书院院长,金陵大学首任校长(1907—1927)

司徒雷登(John Leighton Stuart,1876—1962)

美国基督教南长老会传教士
南京金陵神学院希腊文教授(1908—1918)
南京教会事业委员会主席(1910)

蒋介石(1887—1975)

1927年4月在南京另立国民政府,次年1月重任总司令
1928年10月南京国民政府改组,任主席兼陆海空军总司令
1931年底辞主席职,次年初任军事委员会委员长

孙科(1891—1973)

广州市市长(1921—1926),三次任市长
1928年10月南京国民政府改组,任国民政府委员、铁道部长、考试院副院长

孔祥熙(1880—1967)

1927年赴南京国民政府,历任国民党政府实业部长、财政部长、行政院长、中央银行总裁和中国银行总裁等职

刘纪文(1890—1957)

国民政府南京市市长(1927—1929)

韩林(Talbot F. Hamlin,1889—1956)

入职时间:1914—1930
历任绘图员、高级建筑师、合伙人
参加金陵女子大学、燕京大学和蕙兰中学等项目设计

哈沙德(Elliott Hazzard)

入职时间:?—1924
事务所上海分公司经理(1921—1924)
离开后,与同事费力伯创办哈沙德洋行

古力治(Ernest P. Goodrich,1874—1955)

《首都计划》顾问(1929)

吕彦直(1894—1929)

墨菲的助手,描绘整理大量故宫建筑图案
参加金陵女子大学、燕京大学的规划设计
主持设计南京中山陵、广州中山纪念堂
被称作中国“近现代建筑的奠基人”

李锦沛(1900—1968)

入职时间:1923

参加燕京大学项目设计

以彦沛记建筑事务所名义,继续南京中山陵、广州中山纪念堂工程的设计工作

董大西(1899—1973)

任职于墨菲/马起和韩林建筑事务所纽约总部(1928)

1929年届中国建筑师学会会长

1930年创办董大西建筑事务所

林逸民(1896—1995)

广州市工务局长(1923—1927)(1936—1938)

国都设计技术专员办事处主任(1928—1929)

黄玉瑜(1902—1942)

国都设计技术专员办事处技士

赵深（1898—1978）

承接南京十年建设期间许多公共建筑项目

华盖建筑事务所主持人（成员包括赵深、陈植、童寯）

梁鼎铭（1895—1959）

国军阵亡将士公墓委员会艺术委员（1930—1933）

余积臣（1862—1930）

洪记营造厂创办人

承接金陵女子大学一期工程

陶桂林（1891—1992）

陶馥记营造厂创办人

承接国民革命军阵亡将士公墓工程

先后担任上海、南京两地营造业同业公会理事长